GERHARD SALOMON

Die Gefahren der Endzeit für die Gläubigen

Kommissionsverlag
der St.-Johannis-Druckerei C. Schweickhardt
Lahr-Dinglingen (Baden)

DAS PROPHETISCHE WORT

Heft 9/10

Diese Reihe umfaßt folgende Hefte:

Heft 1:	Das Offenbarwerden der Gläubigen vor dem Richtstuhl Christi
Heft 2:	Das Geheimnis Israel (vergriffen)
Heft 3/4:	Auf dem Wege zum letzten Weltreich
Heft 5:	Das Tausendjährige Reich (vergriffen)
Heft 6:	Das neue Jerusalem (vergriffen)
Heft 7/8:	Wie weit sind wir in der Endzeit?
Heft 9/10:	Die Gefahren der Endzeit für die Gläubigen
Heft 11:	Bibel, Zahl und Prophetie
Heft 12:	Die emanzipierte Frau als Frage an den Mann

Die Hefte 1–6 sind zusammengefaßt in Buchform mit einem Bibelstellenverzeichnis und Bildtafeln unter dem Titel »Was bald geschehen wird« erschienen.

ISBN 3501000758

5. erweiterte und überarbeitete Auflage 1984 · 23.–26. Tausend

Gesamtherstellung:
St.-Johannis-Druckerei C. Schweickhardt, 7630 Lahr-Dinglingen
Printed in Germany 19985/1984

Zum Geleit

DER GLAUBENSGEMEINDE DER ENDZEIT
zur Orientierung und Stärkung,
die auf dem schmalen Weg,
unbeeinflußt vom Zeitgeist,
nicht das Ziel aus den Augen verlieren will!

*»Denn das ist eben des Daseins Ernst,
daß du in eine Welt gesetzt bist,
wo eine Stimme, die dich auf den
rechten Weg ruft, ganz leise redet,
während tausend laute Stimmen in dir
und außer dir gerade vom
Gegenteil reden.«*

Sören Kierkegaard (1813–1855)

Inhaltsverzeichnis

Vorwort zur 1. Auflage[1]

Vergegenwärtigen wir uns die Entwicklung der gläubigen Kreise in den letzten Jahrzehnten, so können wir den heutigen geistlichen Tiefstand nicht allein mit der Tatsache erklären, daß geistliche Aufbrüche in der Regel ihre ursprüngliche Kraft im Laufe der Zeit einbüßen. Erst die Einsicht, daß inzwischen die für die Endzeit vorhergesagte Verführung und Verwirrung in den Gang der Entwicklung eingegriffen hat, vermag uns die eigentliche Hauptursache erkennen zu lassen. Diese fremden Einflüsse haben inzwischen schon ein bedrohendes Ausmaß angenommen. Wir haben bereits den Punkt erreicht, an dem nun für jede geschichtlich gewordene Erscheinungsform der Gemeinde Gottes *die letzte Entscheidung fallen muß, ob sie nach ihrer Berufung ein heller Leuchter Gottes in dieser dunklen Welt sein kann oder vollends zu einer vom Zeitgeist bestimmten Gruppe innerhalb der pluralistischen Gesellschaft herabsinkt.*

Unsere Lage entspricht ganz dem Wort in Offenbarung 2, 5: »Gedenke, wovon du gefallen bist, und tue Buße . . . Wo aber nicht, werde ich über dich kommen und deinen Leuchter wegstoßen von seiner Stätte, wenn du nicht Buße tust.« Der weithin zu beobachtende Tiefstand gläubiger Kreise wird nur durch die vielen groß aufgezogenen Aktionen verdeckt. Eine Veranstaltung löst die andere ab, so daß man in unserer ohnehin schon übergenug hektischen Zeit kaum noch zur Besinnung kommt. Bei einer echten Prüfung vor dem Angesichte Gottes wäre ein tieferes Erschrecken unausbleiblich ebenso wie die Erkenntnis, daß statt »Mehr Aktionen!« die Losung »Tiefere Buße und Innerlichkeit« heißen müßte.

Ging es vor kurzem noch darum, die Gläubigen für die Auseinandersetzungen der Endzeit zuzubereiten, so sind wir heute nun schon mitten in ihnen drin und stehen besorgt vor

1 Die Vorworte zur 1. – 4. Auflage sind gekürzt worden.

der ernsten Frage, ob die Gemeinde ihnen gewachsen sein wird. Es geht um nicht weniger als um Sein oder Nichtsein!

Das Bild, das die Gläubigen angesichts der so entscheidend ernsten Weltenstunde bieten, könnte uns schon bange werden lassen: sie gleichen weithin einer am Wege verschmachtenden Herde ohne Hirten. Das ist aber ihre Schuld, weil von seiten Gottes alle Vorsorge getroffen ist, daß auch gerade wir in der Endzeit dastehen könnten in des Herrn Kraft, mit allem versehen und ausgerüstet, um das Feld zu behaupten (Eph. 6, 10–20; 1. Joh. 2, 20).

Jakob Vetter (1872–1918), der schwerkranke, in den besten Jahren abgerufene Gründer der Deutschen Zeltmission, mußte bei jedem seiner Dienste mit der Möglichkeit rechnen, daß es sein letzter sein könnte. Das ist mit eine Erklärung für die große Durchschlagskraft seines Zeugnisses, über dem im besonderen der Ernst der Ewigkeit lag.

So möge man auch diesen Zeilen den großen Ernst unserer Endzeit abspüren! Tief durchdrungen von der Überzeugung des baldigen Kommens des Herrn mit sich anschließender Rechenschaftsablegung vor ihm sind alle falschen Rücksichten beiseite gelassen worden. Manches konnte nur mit wehem Herzen niedergeschrieben werden; denn unter den Nöten im Werk des Herrn leiden wir heute oft viel mehr als unter allen persönlichen.

Wo der Verfasser ähnliche oder gar gleiche Gedanken bei anderen Autoren fand, läßt er diese zu Wort kommen. Dadurch wird unterstrichen, daß er mit seiner Ansicht nicht allein dasteht, sondern sich in Übereinstimmung mit Zeugnissen der Glaubensgemeinde aller Zeiten befindet, wenn in ihnen die Linien auch nicht immer so weit durchgezogen sein mögen, wie es in dieser Arbeit geschieht. Deshalb auch die vielen Zitate. Eine solche Erwähnung bedeutet noch lange nicht ein Ja zu allen Ansichten des zitierten Verfassers.

Der Verfasser

Vorwort zur 3. Auflage

Das Gebot der Stunde erfordert es, nicht danach zu fragen, *was* ankommt, sondern *worauf* es ankommt. Deshalb werden hier auch biblische Wahrheiten angepackt, die in der Verkündigung weithin als »heiße Eisen« ausgespart bleiben. Darum soll dieser Auflage zum Geleit das beherzigenswerte Gedicht »Dabei übe ich mich . . .« von Lothar Zenetti mitgegeben werden:

Was keiner wagt, das sollt ihr wagen.
Was keiner sagt, das sagt heraus.
Was keiner denkt, sollt ihr befragen.
Was keiner anfängt, das führt aus.

Wenn keiner ja sagt, sollt ihr's sagen.
Wenn keiner nein sagt, sagt doch nein.
Wenn alle zweifeln, wagt zu glauben.
Wenn alle mittun, steht allein.

Wo alle loben, habt Bedenken.
Wo alle spotten, spottet nicht.
Wo alle geizen, wagt zu schenken.
Wo alles dunkel ist, macht Licht.

Der Verfasser

Vorwort zur 4. Auflage

Wie der Schöpfung, so hat Gott auch seiner Gemeinde eine Ordnung gegeben, deren Einzelheiten die Schrift im Blick auf die verschiedenen Lebensgebiete entfaltet. Sie ist als Ausdruck der vollkommenen Liebe und Fürsorge des himmlischen Vaters die bestmöglichste Segensgrundlage für uns

Menschen. Von der Entheiligung dieser Ordnungen (Satzungen) redet Psalm 89, 32. Wie konnte Paulus dagegen über die Ordnung der Kolosser erfreut sein (Kol. 2, 5)! Ein Wort von Rudolf Kögel (1829–1896) zum Nachdenken: »Gott hüllt seine Wunder in Ordnungen . . . «!

Nun trifft aber nur zu sehr folgende Beobachtung im Blick auf die Gläubigen heute den Nagel auf den Kopf: »Die gegenwärtigen vorherrschenden Meinungen über Glaube, Leben und Moral gehen an uns nicht spurlos vorüber[1].« Diese Feststellung enthüllt eine gegenwärtige Hauptgefahr – wir könnten sie auch geradezu die »evangelikale Verführung« nennen –: zwar biblisches Bekenntnis, aber eine weithin von der Welt bestimmte Praxis des Lebens!

Der Verfasser

Vorwort zur 5. Auflage

Diese Neuauflage berücksichtigt die inzwischen erfolgte Entwicklung und bringt einen neuen Abschnitt über den Feminismus, einer besonders deutlichen Endzeiterscheinung.

Der Verfasser

1 Fritz May in »Der Gärtner«, Witten, Nr. 13/1976.

I. Das Geheimnis der Gemeinde Gottes

1. Das Wesen der Gemeinde Gottes[1]

Unbemerkt vom großen und lauten Weltgeschehen vollzieht sich seit fast zwei Jahrtausenden in aller Stille und Verborgenheit ein großes Wunder, das noch ganze kommende Zeitalter in Staunen setzen wird.

Es ist das *Geheimnis der Gemeinde,* einer von Gott erwählten Schar, ein Geheimnis, das Gott durch die ganze Zeit des Alten Testaments hindurch verborgen gehalten und erst Paulus als dem für dieses Zeugnis besonders ersehenen Werkzeug geoffenbart hat, wie es uns der Apostel selbst wissen läßt:

». . . .laut meines Evangeliums und der Predigt von Jesus Christus, durch welche das Geheimnis offenbart ist, das von Anbeginn *verschwiegen war, nun aber offenbart ist . . .* « (Röm. 16, 25. 26).

»Ihr habt ja gehört von dem Ratschluß der Gnade Gottes, die mir für euch gegeben ist, *daß mir ist kund geworden dieses Geheimnis durch Offenbarung,* wie ich eben aufs kürzeste geschrieben habe. Daran könnt ihr, wenn ihr's leset, merken mein Verständnis des Geheimnisses Christi, welches *in den vorigen Zeiten nicht kundgetan ward* den Menschenkindern, wie es jetzt *offenbart ist* seinen heiligen Aposteln und Propheten . . .« (Eph. 3, 2–5).

Welch ein Vorrecht, zu dieser herausgerufenen Schar der Söhne Gottes bzw. der Körperschaft Christi gehören zu dürfen! Ihr ist durch Christus nicht nur viel, sondern »alles geschenkt« (Röm. 8, 32). Diese in Christus erschlossene Lebens- und Herrlichkeitsfülle aber haben nicht wenige

1 Leider hat sich bei uns für »Gemeinde« als Organismus im Sinne des Leibes Christi kein besonderes Wort allgemein eingebürgert, das schon rein äußerlich den Unterschied zu dessen säkularer Bedeutung (z. B. Lesergemeinde, politischer Gemeinde) und kirchlicher Verwendung (Kirchengemeinde) klar erkennen ließe.

Gläubige nur sehr mangelhaft erfaßt, geschweige denn, daß sie aus ihr leben.

Und welche Überraschungen birgt nach den Worten des Apostels Paulus in Epheser 2, 6.7 noch der Schoß der kommenden Welt in sich: »Und hat uns samt ihm in das himmlische Wesen gesetzt in Christus Jesus, auf daß er erzeigte in den kommenden Zeiten (wörtlich: Zeitaltern, Äonen) den überschwenglichen Reichtum seiner Gnade durch seine Güte gegen uns in Christus Jesus.«! – »Ein Zeitalter (ein Äon) allein reicht nicht aus für die zunehmende und steigende Ausbreitung des unermeßlichen Gnadenreichtums. Nur in einer Menge von Zeitaltern kann sich die Gnade Gottes entwickeln und auswirken. Es wird hier von nachkommenden Äonen gesprochen[1].«

Hier geht es um ein großes Geheimnis, und ein Geheimnis ist nun einmal nicht jedem, sondern nur Eingeweihten zugänglich. Seiner kann sich anders als bei einem Rätsel der Verstand nicht bemächtigen. Erkennen kann es nur, wem es Gott selbst durch Offenbarung aufgeschlossen hat.

Ein Glied dieser Gemeinde geworden zu sein, bringt tief einschneidende Konsequenzen mit sich: Durch das Kreuz, das zwischen die Gläubigen und die Welt tritt, bekommen sie einen ganz anderen Status.

Wie dadurch das Leben auf ein ganz anderes Fundament gestellt wird, eine neue Ausrichtung und eine Umwertung aller Werte erfährt, zeigt das geistinspirierte Bekenntnis des Paulus: »Von mir aber sei es ferne, mich zu rühmen, als allein des Kreuzes unseres Herrn Jesus Christus, durch welchen mir die Welt gekreuzigt ist und ich der Welt« (Gal. 6, 14). Obwohl Gläubige noch weiter in dieser Welt bleiben, und zwar jetzt als vom Herrn Hineingesandte (Joh. 17, 18), sind sie doch nicht mehr von ihr (Joh. 17, 16). Fortan sehen sie sich auf Erden nur noch als Gäste, Fremdlinge und Pilgrime an, ihr wirkliches Bürgerrecht, ihre wahre Heimat haben sie im

1 Fritz Rienecker, »Der Brief des Paulus an die Epheser«, Wuppertal.

Himmel (Eph. 2, 19; 1. Petr. 2, 11; Phil. 3, 20). So sehr sie sich auch bemühen, im Alltäglichen bis ins Kleinste rechtschaffen zu sein, bleibt bei ihnen immer das irdische Bürgerrecht dem himmlischen untergeordnet.

Das Kreuz, damaliges Zeichen höchster Verachtung und Schmach, ist nach dem eben zitierten Bekenntnis des Paulus in Galater 6, 14 nach dessen Bekehrung nun sein höchster Ruhm geworden. Durch das Kreuz wurden seinerzeit die schlimmsten Verbrecher vom Leben zum Tode befördert. Und in der Tat: Es proklamiert über unseren alten Menschen das überhaupt denkbar schärfste Urteil, eben das Todesurteil, eröffnet uns aber gerade auf dieser Grundlage des Gestorbenseins mit Christus die Möglichkeit eines von Gott erneuerten Menschen. So kann Paulus in Galater 2, 20 bezeugen: »Ich lebe, doch nun nicht ich, sondern Christus lebt in mir. Denn was ich jetzt lebe im Fleisch, das lebe ich im Glauben an den Sohn Gottes, der mich geliebt hat und sich für mich selbst dargegeben.«

Die durch solche »Erneuerung von Grund auf« (Tersteegen) bewirkte Umwandlung ins Bild Christi ist Gottes großes Ziel: »Denn welche er zuvor ersehen hat, die hat er auch verordnet, daß sie gleich sein sollten dem Ebenbilde seines Sohnes, auf daß derselbe der Erstgeborene sei unter vielen Brüdern. Welche er aber verordnet hat, die hat er auch berufen; welche er aber berufen hat, die hat er auch gerecht gemacht; welche er aber hat gerecht gemacht, die hat er auch herrlich gemacht« (Röm. 8, 29. 30). Dieses göttliche Ziel sollte auch ganz das unsrige werden, damit es zur Gleichausrichtung mit Gott kommt.

Die Umkehr darf nie ein Schluß-, sondern muß stets zum Ausgangspunkt des sich anschließenden lebenslangen Heiligungsweges werden (1. Thess. 4, 3. 7), mit dem Ziel geistgewirkter Heiligkeit (1. Thess. 3, 13). Schon die eine Äußerung des Apostels vor den Ältesten von Ephesus in Milet, daß er jeden einzelnen unter viel Tränen Tag und Nacht während seines dreijährigen Aufenthaltes vermahnt habe, läßt ahnen, daß er eine ungleich größere Mühe auf die weitere Arbeit an den Gläubigen verwandt hatte, als sie bei ihrer Gewinnung nötig gewesen war. Nur allzu wahr ist die Feststellung aus einem Brief an den bekannten englischen Missionar Karl G. Studd: »Seelen retten ist verhältnismäßig leicht; es ist nicht annähernd so schwer[1] wie die Aufgabe, diese Geretteten zu Heiligen, Gottesstreitern und Rettern zu machen[2].« Paulus war also keineswegs der Meinung, daß, wenn nur eine klare Bekehrung geschehen sei, alles schon von selbst richtig weiterlaufen werde.

Oft ist bei solchen, die man für gläubig erklärt oder die sich selbst dafür halten, nicht einmal ein klarer biblischer Anfang gegeben. Der tiefinnerliche Gottesmann Alfred Christlieb hat es einmal ausgesprochen: »Man sagt zu schnell: ›Er ist bekehrt‹, wo bisher nur ein Anfangssegen vorhanden ist[3].« Welche Gefahren drohen, wenn solch einem nur oberflächlich Erweckten nicht in einer gesunden geistlichen Atmosphäre zur Klarheit verholfen wird, er vielmehr in seiner Unreife gleich für den Herrn aktiv wird!

Wie soll sich aber ein gediegenes Glaubenswachstum einstellen, wenn man nur darauf aus ist, stets etwas Neues und Interessantes zu sehen und zu hören? Und nicht wenige Darbietungen kommen diesem Begehren entgegen, wobei die betreffenden Veranstalter noch meinen, daß die Besucherzahl das Ergebnis der Anziehungskraft des Wortes sei. Geht es aber wirklich nur darum, die Versammelten in die Gegenwart Gottes zu stellen, in eine Atmosphäre, wie sie Petrus im Hause des Kornelius antraf, der ihn mit den Worten begrüßte: »Nun sind wir alle hier gegenwärtig vor Gott, zu hören alles, was dir von Gott befohlen ist« (Apg. 10, 33)?

1 In der heutigen Endzeitstunde wird es allerdings infolge des zunehmenden dämonischen Gefälles immer schwerer, klar zum Glauben durchzubrechen.
2 Zitiert nach Werner de Boor, »Die Briefe an die Thessalonicher«, Wuppertal.
3 Alfred Christlieb, »Der Apostel Paulus«, Wuppertal.

2. *Die Berufung der Gemeinde Gottes*

War und bleibt Israel erwählt, auf dieser Erde ein Segen für alle Völker zu sein, so hat die Gemeinde eine himmlische Berufung. Sie soll etwas sein »zum Lobpreis seiner herrlichen Gnade« (Eph. 1, 6) und »zu Lobe seiner Herrlichkeit« (Eph. 1, 12. 14). Sie ist Gottes Organ zur Verwirklichung seiner großen Gedanken. Als kommende Aufgaben nennt die Bibel z. B. das Mitrichten über die Welt und die Engel (1. Kor. 6, 2. 3), das Mitherrschen (2. Tim. 2, 12) und die Hinwegnahme des Fluches von der Schöpfung (Röm. 8, 19–22). Und im Blick auf die Jetztzeit sei nur an die Frage erinnert, wie es denn in der Welt ohne die Gläubigen heute aussähe, besonders ohne ihre Gebete.

Die Gemeinde soll durch diese Welt still – ohne allen äußeren Glanz – ihren Weg gehen, ganz nach dem Vorbild ihres Bahnbrechers Jesus. Von ihm, dem damals noch zukünftigen Messias, hat Jesaja klar vorausgesagt: »Er wird nicht schreien noch rufen, und seine Stimme wird man nicht hören auf den Gassen« (Jes. 42, 2). Jesus weist dann auch in Matthäus 12, 17–19 auf die Erfüllung dieser Jesajastelle *in seiner Person hin.* Und so war es auch: Er, der Gottessohn, fand nicht eine solche Beachtung wie der römische Kaiser damals oder seine späteren angeblichen Stellvertreter in Gestalt der Päpste[1]! Erst nach seinem äußerlich so gar nicht glanzvollen, im Gegenteil schmachvollen Erdenweg öffnete sich ihm die Tür in jene göttliche Herrlichkeit, in der er sich erst bei seinem Wiederkommen auch der Welt sichtbar offenbaren wird. Welch ein Unterschied zwischen dem damaligen Niedrigkeitsbild Jesu und dem mit göttlicher Glorie und Glanz umkleideten kommenden Christus!

Genau die gleiche Reihenfolge soll nach der Bibel auch die Gläubigen bestimmen: Nach ihrem äußerlich unbedeutenden

1 Und nicht nur die katholische Kirche meint, um den glorreichen Herrn würdig repräsentieren zu können, müsse man sich mit einer äußeren Pracht umgeben; womit sie aber nur beweist, daß sie den Herrn überhaupt nicht verstanden hat.

Erdenweg werden sie zur Herrlichkeit erhoben werden. Ihre Losung lautet: Durch Leiden zur Herrlichkeit (Apg. 14, 22), durch Erdulden zum Herrschen (2. Tim. 2, 12)! Heute suchen sie, was droben ist, da Christus ist, sitzend zu der Rechten Gottes. Sie trachten nicht nach dem, was auf Erden ist; denn sie sind gestorben, und ihr Leben ist verborgen mit Christus in Gott (Kol. 3, 1–3). Aber diese heute unbekannte Herrlichkeit, wie ein Schatz in einem einfachen Gefäß verborgen, wird einmal offenbar werden und auch die für den gesamten Kosmos besondere einmalige Stellung dieser Körperschaft, und zwar zusammen mit der Enthüllung der Herrlichkeit Christi (Kol. 3, 4).

Es glänzet der Christen inwendiges Leben,
Obgleich sie von außen die Sonne verbrannt.
Was ihnen der König des Himmels gegeben,
Ist keinem als ihnen nur selber bekannt.
Was niemand verspüret, was niemand berühret,
Hat ihre erleuchteten Sinne gezieret
Und sie zu der göttlichen Würde geführet.

Sie wandeln auf Erden und leben im Himmel;
Sie bleiben ohnmächtig und schützen die Welt;
Sie schmecken den Frieden bei allem Getümmel;
Sind arm, doch sie haben, was ihnen gefällt.
Sie stehen in Leiden und bleiben in Freuden;
Sie scheinen ertötet den äußeren Sinnen
Und führen das Leben des Glaubens von innen.

Wann Christus, ihr Leben, wird offenbar werden,
Wann er einst sich dar in der Herrlichkeit stellt,
So werden sie mit ihm als Fürsten der Erden
Auch herrlich erscheinen zum Wunder der Welt.
Sie werden regieren, mit ihm triumphieren,
Den Himmel als prächtige Lichter auszieren;
Da wird man die Freude gar offenbar spüren.

Wem das Geheimnis dieser unser ganzes Glaubensleben bestimmenden und prägenden biblischen Grundlinien aufgegangen ist, ist die nachstehende Bitte des gottinnigen Dichters dieses Liedes Christian Friedrich Richter (1676–1711) so recht aus dem Herzen gesprochen:

O Jesu, verborgenes Leben der Seelen,
Du heimliche Zierde der inneren Welt,
Laß deinen verborgenen Weg uns erwählen,
Wenngleich uns die Schmach deines Kreuzes entstellt.
Hier übel genennt und wenig erkennet,
Hier heimlich mit Christo im Vater gelebet,
Dort öffentlich mit ihm im Himmel geschwebet.

Kennzeichnen den natürlichen Menschen der Wille zur Selbstbehauptung und der Zug zur Eigengröße, so den wahren Gläubigen Selbstverleugnung, Drangabe des eigenen Ichs auf dem Lammesweg und Weltüberwindung. Ein solcher Weg liegt nun einmal nicht dem natürlichen – auch nicht dem nur seelisch frommen – Menschen. Deshalb mußte schon Paulus erleben, daß nicht wenige, die diesen leidendlichen Zerbruchsweg ablehnten, sich einem – unserer natürlichen Art mehr entgegenkommenden – Evangelium mit einer Akzentverschiebung zum Aktivistischen zuwandten. Auch im Christentum möchte der Mensch viel erleben. Dabei können wir zwar manches aufrichtige Bemühen feststellen, für den Herrn zu wirken. Da es aber weithin aus dem Eigenen kommt, kann es, wenn auch noch so gut gemeint, keine bleibende Frucht wirken.

Der Teufel, der um die Wünsche des noch seelisch Frommen nur zu gut Bescheid weiß, hat nun ein leichtes Spiel, um hier mit seiner Verführung anzusetzen. Will man in seiner christlichen Weise *um jeden Preis* Erfolge aufweisen, muß man sehr darauf achten, *daß sie sich nicht von unten her einstellen.* Wir dürfen nämlich nie aus den Augen verlieren, daß Satan sich sogar in einen Engel des Lichts verstellen kann

(2. Kor. 11, 14). Deshalb ist er durchaus in der Lage, der göttlichen, geistgewirkten Frucht täuschend ähnliche Ergebnisse an die Seite zu stellen. Hier lauern große Gefahren! Müssen wir heute leider nicht feststellen, daß auch das gläubige Lager der Welt in nichts nachzustehen versucht, um nur die Aufmerksamkeit auf sich zu lenken? Propaganda und Werbung können nicht imponierend genug sein, um Aufsehen zu machen. Man glaubt, alle Mittel einspannen zu müssen, sonst könnte etwas versäumt werden. Das hängt mit der Überzeugung zusammen, die aber ein grundsätzliches Mißverständnis der vom Heiligen Geist bestimmten Arbeitsweise offenbart, Reich Gottes – soweit eben noch vertretbar – mit weltlichen Mitteln zu bauen.[1]

Parolen, wie etwa die ganze Welt in Kürze für Christus zu erobern, gehen am Plane Gottes vorbei. Diesen Auftrag hat die Gemeinde gar nicht, wie auch nicht, an einer Änderung der Zustände im Großen mitzuhelfen. Es geht heute nur um die Herausrufung und Zubereitung der Gemeinde Gottes, also einzelner. *Das Bestreben, die Massen unter christlichem Banner zusammenzufassen, wird einmal im Antichristentum enden.* Nein, Kinder Gottes haben es nicht nötig, mit der Welt in Konkurrenz zu treten, womöglich noch von einer Torschlußpanik bestimmt. Sie wissen: »Daß Jesus siegt, bleibt ewig ausgemacht!« (Blumhardt).

Wir sollten die Wahrheiten des nachstehenden Liedes einmal gründlich mit der heutigen christlichen Praxis vergleichen:

Stille Schar, dein schöner Gang und dein Erbe
Sei mein lieblichster Gesang, bis ich sterbe;
Sei ein Zeuge vor der Welt,
Daß, wer es mit Jesu hält, nicht verderbe!

1 Besteht zwischen den sich früher »pietistisch« und heute meist »evangelikal« nennenden Kreisen nicht gerade darin ein auffallender Unterschied, daß man sogar darauf aus ist, in der Öffentlichkeit Gehör zu finden? In Amerika, wo es bei Präsidentschaftskandidaten als modern galt, als »wiedergeboren« angesehen zu werden, ist es den Evangelikalen gelungen, nicht mehr nur als eine Randgruppe angesehen zu werden.

Erdenbürger, schauet auf! Weicht zurücke!
Seht der Herde schönen Lauf, wünscht ihr Glücke!
Macht den Heeren Gottes Bahn,
Daß vor ihnen jedermann tief sich bücke.

Doch nicht also, Sulamith! – Kein Gepränge!
Still, nicht rauschend sei dein Schritt durchs Gedränge!
Weg mit allem Glanze hier;
Dennoch wisse, daß es dir einst gelinge.

Liebe gern die Niedrigkeit, sei ohnmächtig;
Halte Erdenherrlichkeit als verdächtig.
O gedenke früh und spat:
Was ein Kreuz zur Wurzel hat, ist nicht prächtig.

Held und Haupt, du wähltest dir auch *die* Hülle:
Herrschen, glänzen war ja hier nicht dein Wille.
Unter Leiden sah man dich
Auf deiner Heldenbahn stumm und stille.

Wie der Held, so seine Schar hier auf Erden;
Denn sie soll ihm ganz und gar ähnlich werden.
Als ein Rätsel jedermann
Folgen still auf seiner Bahn seine Herden.

(Johann Ulrich Majer, 1751–1794)

Alle hier behandelten Punkte betreffen nicht Randfragen, sondern den Kern des Christentums, nämlich die Bedeutung des Kreuzes, wie der amerikanische Gottesmann A.W. Tozer treffend aufdeckt:

»Unangemeldet und beinahe unbemerkt hat sich in unserer modernen Zeit unter den Christen ein neues Kreuz eingebürgert. Es gleicht dem alten – und ist doch verschieden. Die Ähnlichkeiten sind nur an der Oberfläche, die Unterschiede grundlegend.

Von diesem modenen Kreuz ist eine neue Philosophie für das Christenleben entsprungen, und von dieser neuen Philosophie eine neue evangelische Technik, eine neue Form unserer Zusammenkünfte und ein neuer Verkündigungsstil. Dieses neue Evangelium bedient sich derselben Sprache wie das alte, sein Inhalt ist aber nicht derselbe, seine Betonung ist verschoben.

Das alte Kreuz kannte kein Verhandeln mit der Welt. Für Adams hochmütiges Fleisch bedeutet es das Ende ... Das neue Kreuz dagegen verurteilt nicht das menschliche Geschlecht; es ist vielmehr sein freundschaftlicher Genosse, und – wenn es richtig verstanden – der Schlüssel zu einer Fülle guten, sauberen Spaßes und unschuldigen Vergnügens. Es läßt Adams Leben unangetastet. Die Richtlinien des alten Lebens bleiben gleich; noch immer lebt er ja für sein eigenes Vergnügen, nur ergötzt er sich jetzt am Singen christlicher Lieder und an religiösen Festlichkeiten statt an unzüchtigen Gesängen und Alkohol. Die Betonung liegt immer noch auf Vergnügen ...

Das moderne Kreuz befürwortet eine neue und ganz andere evangelistische Anknüpfungsweise. Der Evangelist verlangt keine Verleugnung des alten Lebens, bevor das neue empfangen werden kann. Er predigt nicht Gegensätze, sondern Ähnlichkeiten. Er sucht den Schlüssel zur Anteilnahme seiner Zuhörer, indem er zeigt, daß das Christentum keine unliebsamen Forderungen stellt, vielmehr die gleichen Angebote macht wie die Welt, nur eben auf edlerer Stufe. Wonach auch immer die sündentolle Welt gerade schreien mag, immer ist das Begehrte ausgerechnet das, was das Evangelium anbietet; nur daß das religiöse Erzeugnis hochwertiger ist.

Das neue Kreuz führt den Sünder nicht zum Tode, es gibt ihm eine neue Lebensmöglichkeit. Da wird umgeschaltet in eine saubere, bessere Lebensführung, und die Selbstachtung ist gewahrt. Zum Ellenbogenmenschen sagt es: ›Komm, behaupte dich für Christus!‹, zum immer von sich selbst Redenden: ›Nur her, du kannst dich ja im Herrn rühmen!‹, zum Gesellschaftsmenschen und Erlebnisdurstigen: ›Sieh doch, wie herrlich die christliche Gemeinschaft ist!‹ So wird die christliche Botschaft umgebogen in die Windrichtung der gegenwärtigen öffentlichen Meinung, um das Christentum angenehm und anregend zu machen ...

Das alte Kreuz ist das Wahrzeichen des Todes. Es spricht vom schroffen, unerbittlichen Ende eines menschlichen Wesens. Wer zu Römerzeiten sein Kreuz aufnahm und sich auf den Weg machte, der hatte von seinen Freunden endgültig Abschied genommen. Er kam nicht zurück ...

Gott rettet einen Einzelmenschen, indem er Schluß macht mit ihm, um ihn dann wieder erstehen zu lassen zu neuem Leben ... Indem wir zu Christus kommen, steigern wir nicht unser altes Leben hinauf auf eine höhere Ebene; wir lassen es am Kreuze. Das Weizenkorn muß in die Erde fallen und sterben.

Wir, die wir die Frohe Botschaft weitersagen, hüten wir uns davor, uns als öffentliche Werber zu betrachten für freundschaftliche Beziehungen zwischen Christus und der Welt. Wir dürfen uns nicht einbilden, Beauftragte zu sein, um Christus dem Geschäftsleben, der Presse, der Sportwelt oder der modernen Erziehung anzupreisen. Wir sind nicht Diplomaten, sondern Propheten; unsere Botschaft ist nicht ein Vergleich, sondern eine unabänderliche Forderung. Gott bietet in der Tat Leben an, aber nicht ein verbessertes altes Leben. Was er anbietet, ist Leben aus dem Tode ...

Was soll das bedeuten für den einzelnen verurteilten Menschen, der Leben in Christus finden möchte? Wie kann diese Wahrheit ins Leben übersetzt werden? Die Übersetzung lautet einfach: *Er muß Buße tun und glauben und dann sich selbst verlassen.«*

Wie fein unterstreicht ein anderer Verfasser diese biblische Linie mit dem klaren Zeugnis: »Der Geist verzichtet auf die Machtdemonstrationen der Welt. Gottes Wirken liebt die Verborgenheit, die Unscheinbarkeit, die Demut. Geisteswehen hat das Zeichen der Schlichtheit und nicht der öffentlichen Demonstrationen. Gottes Segenswege sind verhüllt, seine Herrlichkeit verborgen, Gottes Wirken ist still, seine Wunder oft unerkannt. Nicht, daß wir dadurch aus unserer

Armseligkeit eine Tugend machen wollten! Doch sollten wir lernen, in der Armut Gottes Reichtum zu sehen, in der Schwachheit Gottes Kraft, in unserem Tod sein Leben, in unserem Unterliegen seinen Sieg[1].«!

Es mag sein, daß auf der anderen, dem natürlichen (= nicht wiedergeborenen) Menschen entgegenkommenden Linie auch das Christentum des Demas gelegen haben mag, der die Welt liebgewonnen hatte. Es muß sich dabei also nicht unbedingt um einen Abfall vom Glauben handeln; denn *»die Welt liebgewinnen«* steht bei Paulus in 2. Timotheus 4 nämlich in Antithese zu: *»des Herrn Erscheinung liebhaben«*. Es mag damit also nur ein Christentum gemeint sein, das auf diese Welt statt auf den wiederkommenden Herrn ausgerichtet ist. In der Nähe des Apostels mußte Demas für sein Leben fürchten. An anderer Stelle schreibt Paulus dem Timotheus: »Das weißt du, daß sich von mir alle gewandt haben, die in Asien sind« (2. Tim. 1, 15). Dieses Abwenden von Paulus bedeutet nicht Abfall vom Glauben überhaupt, sondern Furcht vor den letzten Konsequenzen der paulinischen Kreuzes- und Sterbenstheologie in einer Stunde, in der es ganz ernst wurde. In solchen Augenblicken ging schon damals eine Scheidung mitten durch die Reihen der Gläubigen hindurch; genau so ist es auch heute und noch viel mehr für die Zukunft zu erwarten.

Laßt uns bereit sein, diesen Opferweg der kleinen Herde zu gehen! Oder muß der Herr auch uns traurig fragen, ob wir uns einen bequemeren Weg suchen wollen? »Das ist gewißlich wahr: Sind wir mit gestorben, werden wir mit leben; dulden wir, so werden wir mit herrschen« (2. Tim. 2, 11. 12).

Weithin ist zum obersten Gesichtspunkt das Bestreben geworden, möglichst viele Menschen zu erreichen. Was sind Gläubige nicht alles zu tun bereit, um nur an die Welt heranzukommen! Ganz abgesehen davon, daß die Bibel an keiner Stelle dieses Bemühen als den für unser Handeln

1 Werner Sidler, »Mission in der Krise«, Gießen und Basel.

höchsten Gesichtspunkt herausstellt, ist es einfach nicht wahr, daß Anpassung an die Welt der Sache Gottes förderlich ist. Nein, die bisher praktizierte Scheidung gesegneter Gottesmenschen von der Welt beweist gerade das Gegenteil.

Als ein Beispiel für viele seien die Erlebnisse eines jungen Mädchens, das in einem andern Jahrhundert an einem herzoglichen Hofe diente, herausgegriffen: »Daneben ließ sie sich durch Gottes Gnade davor bewahren, daß sie die Gunst der Hohen in der Welt nicht im Überflusse annahm, noch zu zeitlichen Vorteilen benützte, sondern stets im Auge behielt, daß Gottes Ehre und der Nebenmenschen wahres Heil dadurch möchte gefördert werden. Auf diese Weise wirkte sie dann als ein gesegnetes Werkzeug der göttlichen Gnade unter ihrer Umgebung, und der Erfolg widerlegte die Meinung derer, welche behauptet hatten, wenn sie nicht fortfahre, durch äußere Gleichstellung mit der Welt, durch Kleiderpracht, Entblößung der Glieder, Tanzen und dergleichen, sich die Verbindung mit andern und somit die Gelegenheit zur Einwirkung auf sie zu erhalten, so könne man auch niemand für das Christentum gewinnen. Im Gegenteil wirkte ihre Entschiedenheit und treue Beharrlichkeit, daß alle diejenigen sich an sie mit dem vollsten Vertrauen wandten, welche gern der inneren Unruhe losgeworden wären.«

Nur wer noch die Welt liebhat, kann z. B. ein bisheriges Schauspielerleben mit der Nachfolge Jesu vereinbaren. Bei einer klaren Bekehrung ist es wohl selbstverständlich, daß man eine solche Tätigkeit aufgeben muß. Sonst bleibt nur die Erklärung übrig, daß man von der Herrlichkeit Jesu noch nicht ganz überwältigt worden ist; denn solche Menschen können gar nicht anders als mit dem Liederdichter Bramwell Booth (1856–1929) bezeugen:

Was soll mir die Welt und ihr Spiel?
Sie gab weder Trost mir noch Ruh.
Ich habe ein höheres Ziel:
Mein Kleinod, o Jesu, bist du.

Deshalb können wir es nicht verstehen, wenn ein Popstar erklärt hat, daß er nach seiner Bekehrung bestrebt sei, als Schauspieler ebenso berühmt zu werden wie als Sänger. Wer wie Paulus das biblische Hochziel ins Auge gefaßt hat, das Kleinod der himmlischen Berufung in Christus zu erlangen, kann in den Eitelkeiten und Narreteidingen (Eph. 5, 4) nie mehr ein Lebensziel sehen. Ihn wird im Gegenteil immer mehr das Motto dieser Liedstrophen bestimmen:

Was von der Welt
Mir noch gefällt:
Los nur und ab,
Tief in das Grab.

Mache mich klein,
Will nichts mehr sein;
Ganz los von mir,
So leb ich dir.

(Cäcilie Zeller, 1800–1876)

Auch durch die Namen noch so großer Autoritäten dürfen wir uns nicht darin irremachen lassen, daß Nachfolge Jesu und Showgeschäft unvereinbar sind!

Aber damit sind wir schon beim nächsten Abschnitt dieses Themas:

3. Das Hauptstreben der Gemeinde Gottes

Wahren Gläubigen geht es nicht darum, es in der Welt zu etwas zu bringen, nicht um den Beifall der Masse, auch nicht darum, daß sie etwas vom Leben haben. Sie beseelt die eine heilige Leidenschaft, ganz für ihren Herrn, der sie bis in den Tod geliebt hat, da zu sein und vor allem danach zu trachten, ihm zu gefallen. Ihr Hauptstreben ist darauf gerichtet, daß

Gott etwas von ihnen haben darf. Georg Steinberger (1865–1904) gelobte eines Karfreitags seinem Heiland:

Mein Lebensmotto soll sein:
Nichts für mich!
Und mein Genuß auf Erden:
Deinen Willen zu tun!
Mein Schmuck soll sein:
Deine Armut und Demut!
Mein Lebensziel soll sein:
Dir, dem Lamme, ähnlich zu werden!
Meine Hoffnung soll sein:
Deine Wiederkunft!

Wie es keine »billige« Gnade gibt, so auch keine »billige« Herrlichkeit: »Gott beruft uns zu seiner Königsherrschaft – das ist lauter Gnade, lauter Freude, lauter Gewißheit! Aber es liegt darin auch zugleich lauter Aufgabe, lauter Einsatz, lauter Opfer – ›würdig zu wandeln dieses Rufes‹, der uns nicht mechanisch oder im Schlaf ans Ziel bringt. So hat es Paulus in seiner eigenen Bekehrung und Berufung erlebt[1].«

Und deshalb war ihm kein Preis zu hoch und kein Opfer zu groß, um das Kleinod zu erlangen. Er vergleicht sich mit einem Läufer in der Rennbahn (1. Kor. 9, 24–27), und das wissen wir alle, daß nie ein Wettkämpfer als Sieger durchs Zielband laufen wird, der nicht das Letzte aus sich herauszuholen versucht. Bestimmt solch ein Ernst auch unsere Jesusnachfolge? Wir haben es wohl alle mehr oder weniger nötig, uns das ernste Wort des Apostels ins Stammbuch schreiben zu lassen: »Und wenn jemand auch kämpft, wird er doch nicht gekrönt, er kämpfe denn recht« (2. Tim. 2, 5). Nach dieser Aussage ist es also noch lange nicht damit getan, daß ich mich in die Kampffront des Glaubens habe einreihen lassen, entscheidend ist vielmehr, daß dieser Kampf nach den

1 de Boor, Werner, »Die Briefe an die Thessalonicher«, Wuppertal.

biblischen Instruktionen des himmlischen Feldherrn geführt wird.

Soll das ganze Leben dem Herrn gefallen, so darf nichts zu klein oder unbedeutend sein, ob es sich um etwas Äußeres oder Inneres handelt, wie es auch das bekannte Lied sehr deutlich zum Ausdruck bringt:

Das ist die rechte Liebestreue,
Die fest an ihrem Herren hängt,
Und ohne Unterlaß aufs neue
In allem ihm zu dienen denkt;
Die im Geringen und im Kleinen
Es recht genau und ernstlich nimmt,
Und wissentlich auch nicht in einen,
Wenn noch so kleinen Fehler stimmt.

Wenn du die groben Sünden meidest
Aus Furcht vor Schmach, und ohne Scheu
Die kleinen Mängel an dir leidest,
Das ist noch keine Liebestreu.
Das heißt noch nicht den Herren lieben,
Sich ihm aus allen Kräften weihn;
Das heißt noch folgen seinen Trieben,
Teils Herr, teils Christi Jünger sein.

Denn wer sich ganz des Herren nennet,
Der folgt ihm immer, und er *flieht*
Das Kleinste, was vom Herrn ihn trennet
Und einer Sünde ähnlich sieht.
Er sucht in allem Christi Ehre,
Und wie in allem allezeit
Er sich in dessen Bild verkläre,
Dem er als Jünger sich geweiht.

(Philipp Spitta, 1801–1859)

Und Zinzendorf geht von derselben Grunderkenntnis aus, wenn er betet:

Zerbrich, verbrenne und zermalme,
Was dir nicht völlig wohlgefällt.
Ob mich die Welt an einem Halme,
Ob sie mich an der Kette hält,
Ist alles eins in deinen Augen,
Da nur ein ganz befreiter Geist
Und nur die lautre Liebe taugen,
Weil alles andre Schaden heißt.

Und nun noch ein drittes Zeugnis eines Liederdichters, das in die gleiche Richtung geht:

Wonach der eitle Weltsinn trachtet,
Ist solchen Herzen Tand und Spiel;
Was mancher für unschuldig achtet,
Ist solchen Herzen schon zuviel.

Warum? Es gilt, der Welt absagen;
Hier heißt's: Rührt kein Unreines an!
Wenn ihr das Kleinod wollt erjagen,
Werft alles weg, was hindern kann.

(Johann Joseph Winckler, 1670–1722)

Da ist mehr, als nur das zu meiden, was Sünde ist. *In der wahren Freiheit der Kinder Gottes* können Erlöste sogar auf Erlaubtes verzichten, wenn es sie innerlich nicht weiterbringt, und mit Paulus sagen: »Mir ist alles erlaubt, es frommt aber nicht alles. Mir ist alles erlaubt, es soll mich aber nichts gefangennehmen« (1. Kor. 6, 12). Je näher wir Jesus kommen, ein um so feineres Empfinden bekommen wir für alles, was uns im Glaubensleben fördert oder hemmt. Wem es nichts ausmacht, sich bis an den Rand des Erlaubten zu bewegen, hat noch einen nur schwach ausgeprägten himmlischen Sinn.

Jesus will nicht nur unser Erlöser, sondern auch der Herr unseres Lebens sein, und zwar so ganz, »daß sich kein Gebiet seinem Einfluß mehr entzieht«.

Gläubige aber, deren Hauptstreben sich auf den hier gezeigten Wunsch, dem Herrn zu gefallen, ganz konzentriert, sind selten. Bei dem Durchschnittschristentum unserer Tage kann man sich nicht des Eindrucks erwehren, daß die Himmelswelt mit Christus auf sie noch nicht einen solchen Einfluß ausübt, daß die Erde ihre Anziehungskraft auf sie auch wirklich verloren hat.[1]

Wir werden zugeben müssen, daß sich eine solche Einstellung auf das ganze Leben entscheidend auswirken und zu einer anderen Beurteilung mancher Fragen führen muß, als bei solchen Gläubigen, die noch nicht in dieser königlichen Freiheit der Kinder Gottes stehen und deshalb glauben, sich mehr *(aber in Wirklichkeit falsche)* Freiheiten gestatten zu können[2].

4. Die heutige Lage der Gemeinde Gottes

Welch eine leuchtende Spur haben doch die Gemeinden der neutestamentlichen Berichtszeit hinterlassen: Von göttlicher Herrlichkeit erfüllte und himmlische Schönheit ausstrahlende Christen wurden der Welt besonders dadurch ein Rätsel, daß sie eine bisher so noch nicht gekannte Weltüber-

1 Stattdessen muß die Konferenz Bekennender Gemeinschaften in einem Bußaufruf im Lutherjahr 1983 beklagen: »Oft sind auch Christen vor allem darauf bedacht, Karriere zu machen, zu Besitz zu kommen, ›es zu etwas zu bringen‹. Ihr Verhalten in geschäftlichen Dingen unterscheidet sich oft wenig von dem der Nichtglaubenden« (Informationsbrief Nr. 99, Lüdenscheid, 8/1983).

2 Es gibt Punkte, bei denen man verschiedener Meinung sein kann. Wieder in andern Fällen kann nur die eine Auffassung richtig sein und muß die andere falsch sein. Bei Fragen der Heiligung des praktischen Lebens werden unsere Auffassungen entscheidend davon abhängen, inwieweit wir dem Geiste Gottes gehorsam sind und er auf diesem Wege immer mehr zur Herrschaft über unser Leben kommen konnte. Wo man dagegen den Heiligen Geist durch Nichteingehen auf seine Weisungen und Winke betrübt und dämpft, wird sich das in falschen Ansichten niederschlagen. Je feiner mein Empfinden für das geworden ist, was der Art Gottes entspricht, um so genauer werde ich es mit allem nehmen. Gegenteilige Auffassungen unter Gläubigen liegen oftmals im unterschiedlichen Heiligungsernst begründet.

windung an den Tag legten. Was waren das für Leute, die sich in Leiden noch freuen konnten (Kol. 1, 24); in der Gefängniszelle nicht fluchten, sondern lobten (Apg. 16, 25); die Beschlagnahme von Hab und Gut in der Gewißheit kommender himmlischer Entschädigung mit Freuden auf sich nehmen konnten (Hebr. 10, 34), aus deren Angesichtern noch als Angeklagte (Apg. 6, 15), ja als Sterbende (Apg. 7, 55) überirdischer Glanz leuchtete? Für das alles gibt es nur die eine Antwort: Christus Jesus! Das Bekenntnis, alles zum Leben und Sterben sowie für Zeit und Ewigkeit empfangen zu haben, war bei den ersten Christen kein leeres Wort. Jesus war ihnen wirklich alles gewesen. Kein Wunder, daß diese Gemeinde Satan ein Dorn im Auge war und er alles daransetzte, um ihren so schönen Lauf zu stören!

Nun bringt jede Epoche ihre besonderen Gefahren für die Gemeinde Gottes mit sich. Aber immer versucht Satan, die Gläubigen so zu blenden, daß sie diese Klippen nicht als solche erkennen, sondern sie vielmehr für harmlos halten. Dabei kommt ihm seine jahrtausendelange Erfahrung, wie man die Menschen am besten verführen kann, sehr zugute. Er weiß, daß er die Gläubigen anders anfassen muß als die Ungläubigen. Wenn's nötig ist, kann er sich nach 2. Korinther 11, 14 sogar in einen Engel des Lichts verstellen. Unterschätzen wir deshalb nicht – auch nicht im Blick auf uns persönlich – die Wahrheit Luthers über den alt bösen Feind:

»Groß Macht und viel List
Sein grausam Rüstung ist;
Auf Erd ist nicht seinsgleichen!«

Mögen die Verführungen Satans aber noch so geschickt getarnt sein, die Gemeinde hat durch die Ausrüstung mit dem Heiligen Geist alle Möglichkeiten, dem Widersacher gewachsen zu sein, wie Johannes siegesgewiß den Gläubigen schreibt: »Doch ihr habt die Salbung von dem, der heilig ist, und wisset alles« (1. Joh. 2, 20). Das wäre das Normale.

Nun stehen wir heute weithin vor dem gegenteiligen Tatbestand. Klar biblisch ausgerüstete Gemeinden dürften auf die endzeitlichen Verführungen nicht so hereinfallen. Das ist aber mit ein Beweis, daß wir sie weithin trotz allen starken Betonens der biblischen Glaubensgrundlagen nur noch dem Namen nach haben. So sieht die Quittung aus für die Abweichungen von den biblischen Linien, für die mangelnde Wachsamkeit und Nüchternheit, die sträfliche Gleichgültigkeit und Oberflächlichkeit, für eine profillose Weltoffenheit und vieles andere mehr.

Nachstehender Neujahrsaufruf trifft die wirkliche Lage: »Und welche Einbrüche erzielt der Feind bis hinein in die Reihen der Gemeinde Jesu! Man ist da und dort bereit, sich der Verhaltensweise dieser Welt anzugleichen, Glaubensstellungen aufzugeben und schwerwiegende Zugeständnisse zu machen an den Zeitgeist. Das ist eine höchst beunruhigende und alarmierende Tatsache[1]!«

Nun werden solche Beurteilungen einfach zur Kenntnis genommen. *So sehr haben sich die Gläubigen an den geistlichen Tiefstand gewöhnt, daß solche alarmierenden Feststellungen bei ihnen keine besonderen Reaktionen mehr hervorzurufen vermögen.* Nur einzelne ziehen die notwendigen Konsequenzen und nehmen den Kampf gegen den auch im frommen Gewand auftretenden Zeitgeist auf, um ihn in der Kraft des Heiligen Geistes zu überwinden.

Stehen wir auch in der Front derer, die den Ruf vernommen haben, sich mit den zu Gebote stehenden Waffen der geistlichen Ritterschaft dem Feind entgegenzuwerfen, um dessen Einbrüche abzuriegeln? Wir dürfen auch nicht danach fragen, ob das angesichts der erdrückenden Übermacht der Finsternis überhaupt noch einen Sinn habe. Oder wollen wir uns von jenen todesmutigen Kämpfern beschämen lassen, die sich – wofür die Geschichte ergreifende Beispiele hat – einem durchgebrochenen weit überlegenen Feind entgegenwarfen

1 Wilhelm Gilbert in »Der Gärtner«, Witten, Nr. 1/1972.

und allen Erwartungen zum Trotz sogar noch begrenzten Einfluß auf die weitere Entwicklung nehmen konnten. Und hier ging es nur um den Einsatz für irdische Könige, Machthaber und Reiche. Deshalb: »Wach auf, du Geist der ersten Zeugen!«

Erheben wir aber unsere Stimme als wirklich Beauftragte im Namen des Herrn, so brauchen wir uns nicht einschüchtern zu lassen, auch wenn wir ganz allein dastehen sollten! Von Gott gegebene Aufträge heißt's auszuführen, ohne nach den Erfolgsaussichten zu fragen; die sind ganz allein Sache des Herrn. Auch das in die Reihen der Gemeinde eingedrungene Weltwesen soll uns nicht irremachen. Freilich: Wie das Schiff zwar ins Wasser, aber nicht das Wasser ins Schiff gehört, so die Gemeinde in die Welt, aber nicht die Welt in die Gemeinde! Wenn dies inzwischen anders ist, so dürfen wir dennoch nicht resignieren: »Allerdings, der feste Grund Gottes besteht!‹ (2. Tim. 2, 19). Mit einem ›allerdings‹ oder ›jedoch‹ (mentoi) beginnt Paulus seine Ausführungen über die positive Einstellung zum Verfall innerhalb der Gemeinde. Der echte Glaube sagt innerhalb des Verfalls ›Dennoch!‹ Er flieht nicht, er verzagt nicht, zieht sich nicht feige in sich selbst zurück, sondern bleibt sieghaft. Der Glaube bricht durch Stahl und Stein, er schließt die Allmacht in sich ein, er kann nicht unterliegen. Mögen die Stürme der Welt das Gebäude der Gemeinde bis in die Grundfesten hinein erschüttern, mögen bekehrte Christen irregeleitet werden und abfallen, mögen biblische Gemeinden zertrümmert werden – ›der feste Grund Gottes besteht‹. Ein Glaube, der so sprechen kann, ist frei von Leichtsinn und Verzagtheit, von oberfächlichem Optimismus und kalt berechnender Sachlichkeit. Er rechnet mit der Wirklichkeit Gottes[1].« *In diesem Sinne rufen wir jeden Gläubigen zum glaubensmutigen »Dennoch- und Trotzdem-Einsatz« an seinem ihm von Gott zugewiesenen Platz auf.*

1 Heinrich Langenberg, »Die beiden Timotheusbriefe«, Hamburg.

Soll dem tiefen »Schaden Josephs« (Amos 6, 6) innerhalb der Gemeinde Gottes abgeholfen werden, so muß endgültig Schluß gemacht werden mit der Verschleuderung des Erbes aus Pietismus und Erweckung um ein Linsengericht modernen Ersatzes. Wir können uns keine noch so kleinen Zugeständnisse an den Modernismus, keinerlei Abweichungen von der gesunden biblischen Norm mehr erlauben! Mögen sie auch noch so unbedeutend erscheinen: wir dürfen nie aus den Augen verlieren, daß sie einen Beitrag zu einer Entwicklung leisten, die zur völligen Verkehrung in das Gegenteil der ursprünglichen Berufung führen muß, was uns nachstehende Geschichte recht eindrücklich zu illustrieren vermag: »Ein geschickter Künstler soll einmal den seltsamen Einfall gehabt haben, etwa fünfzig Bilder zu malen, von denen jeweils das folgende von dem vorhergehenden sich so unmerklich unterschied, daß kaum jemand die Verschiedenheit wahrnahm, und von denen doch das letzte in denkbar stärkstem Gegensatz zum ersten stand. Das letzte stellte nämlich einen grinsenden Affen dar, während das erste die Göttin der Schönheit zeigte[1].«

Ist das, was der Künstler mit dieser seiner Bilderfolge zeigen wollte, in der Kirchengeschichte nicht schon oft geschehen? Wir brauchen nur die erste neutestamentliche Gemeinde mit der katholischen Kirche zu vergleichen, die sich aus ihr in einem langsamen, über Jahrhunderte hinziehenden Prozeß entwickelt hat. Oder denken wir an den großen Unterschied zwischen den Gemeinden und Gemeinschaften heute und in früheren Jahrzehnten!

Wann endlich werden Männer derjenigen pietistischen Kreise, die dem Zeitgeist noch nicht erlegen sind, vollmächtig den wesensfremden Einflüssen das schon längst überfällige Halt gebieten? *Wir müssen die hier Angesprochenen an ihre große Verantwortung erinnern.* Mag die Verantwortung eines Arztes bei einer Operation auf Leben und Tod schon sehr

1 Gustav Benz in »Der Gärtner«, Witten, Nr. 17/1969.

groß sein, die eines Verkündigers und leitenden Bruders ist noch viel größer, weil es hier um viel mehr als nur um dieses leibliche Leben geht.

Zuletzt sei noch an die uns umgebende Wolke von Zeugen erinnert (Hebr. 12, 1). »Die Gemeinde steht im Glauben auf der gleichen Ebene wie die Väter. Daraus erwächst uns aber auch die Verpflichtung: Wir haben ein Erbe übernommen und zu verwalten und an die nächste Generation weiterzugeben[1]!« Bewegungen, die glauben, des Vätererbes entraten zu können, setzen sich besonders in unserer Zeit der großen Gefahr einer tödlichen Verflachung aus. Zwar ist eine lebendige Gemeinde keine statische, sondern eine dynamische Größe, eine »ecclesia semper reformanda«, d. h. eine stets zu reformierende Kirche. Von solchen ständigen Korrekturen aber sind die immer gültigen, zeitlosen biblischen Grundlinien ausgenommen. Neubekehrte, die meinen, sich auch über solche Segenslinien und alle Erfahrungen der Väter hinwegsetzen zu können, ahnen gar nicht, welch riskante Entwicklung sie damit herausfordern. Auch muß in großer Verantwortung geprüft werden, ob vieles, was in anderen Ländern durchaus recht sein mag, von uns mit ganz anderen Glaubensverhältnissen, Erfahrungen, Auseinandersetzungen und seiner besonderen Geschichte ohne weiteres, einfach unbesehen, übernommen werden kann. Echte Glaubenswerte müssen erkämpft, ja oftmals erlitten werden: bloßes äußeres Übernehmen führt zu einer unharmonischen Prägung. Statt organisch Gewachsenem haben wir als Ergebnis dann ein zwiespältiges Mischwesen.

5. Der endzeitliche Aufbruch der Gemeinde Gottes

Das nächste große Ereignis für die Gemeinde Gottes nach Kampf und Bewährung wird ihre Heimholung durch den

1 Fritz Laubach, »Der Brief an die Hebräer«, Wuppertal.

Herrn sein, das nächste Ziel des Herrn mit den Seinen ist die Entrückung (1. Thess. 4, 13–17).

Ein eindringlicher Weckruf des Paulus, sich für diese bald bevorstehende Begegnung mit dem wiederkommenden Herrn zu rüsten, ist Römer 13, 11–14:

»Und das tut, weil ihr die Zeit wisset, nämlich daß die Stunde da ist, aufzustehen vom Schlaf; denn unser Heil ist jetzt näher, als da wir gläubig wurden. Die Nacht ist vorgerückt, der Tag aber nahe herbeigekommen. So lasset uns ablegen die Werke der Finsternis und anlegen die Waffen des Lichtes. Lasset uns ehrbar wandeln als am Tage, nicht in Fressen und Saufen, nicht in Wollust und Unzucht, nicht in Hader und Neid; sondern ziehet an den Herrn Jesus Christus und wartet des Leibes nicht so, daß ihr seinen Begierden verfallet.«

Auffallend ist die Stelle, an der innerhalb des Römerbriefes dieser Weckruf steht, nämlich mitten drin in seinem dritten Teil mit den Anweisungen für die Praxis der Jesusnachfolge[1]. Mit seiner Einordnung wollte Paulus bewußt zum Ausdruck bringen, daß das ganze Leben eines Gläubigen unter dem Vorzeichen der Wiederkunft des Herrn stehen, sich im Lichte der großen Zukunft Gottes vollziehen soll. Von dieser Hoffnung darf unser Tun und Lassen, unser Planen und Handeln bestimmt sein, und nicht letztlich von den Erfordernissen der Gegenwart und den Erwartungen der Menschen.

In unserem Text geht es um eine ganz besondere »Stunde«, noch dazu in einer ganz einmaligen »Zeit«, nämlich um die Endzeitstunde, eine Zeit wie noch nie, mit dem Gewicht einer Zeitenwende.

Das Griechische kennt für »Zeit« zwei Wörter. Das eine

1 Bekanntlich zerfällt der Römerbrief in drei große Hauptteile: Im ersten geht es um die Rettungsfrage des verlorenen Menschen, im zweiten um die heilsgeschichtliche, stark die Eschatologie betreffende Frage Israel, an die sich der ganz praxisbezogene dritte Teil anschließt. Wir würden sicherlich alle diesen endzeitlichen Weckruf im zweiten statt im dritten Teil erwarten. (Eschatologie = Kunde vom Letzten, nämlich Lehre von den letzten Dingen.)

(chronos) bedeutet den Zeitenablauf ganz allgemein, und das zweite (kairos) einen bestimmten Zeitraum oder Zeitpunkt von besonderer Bedeutung innerhalb des Zeitenablaufes. Hier nun steht das zweite Wort.

Seit den Tagen Jesu hat es keine so bedeutende Weltenstunde mehr gegeben wie die gegenwärtige. Nach den eigenen Worten Jesu war die Passionszeit auch eine solche besondere Stunde:

> »Siehe, *die Stunde* ist da, daß des Menschen Sohn in der Sünder Hände überantwortet wird« (Matth. 26, 45).
> »Vater, *die Stunde* ist da; verherrliche deinen Sohn, auf daß dich dein Sohn verherrliche . . . « (Joh. 17, 1).

In dieser gewaltigen Stunde erwarb Jesus das Heil für die ganze Welt. Wir sind nun inzwischen in die nächste große Weltenstunde eingetreten, in der ein jahrtausendelanger Weltenablauf unaufhaltsam seinem Ende entgegengeht und Gott inzwischen machtvoll auf den Plan getreten ist, um die Heraufführung einer neuen Welt vorzubereiten. Werden wir uns doch der Größe dieser Weltenstunde, in die wir hineingestellt worden sind, so recht bewußt!

Soll unser ganzes Leben die unserer Weltenstunde entsprechende Ausrichtung bekommen, muß uns eine göttlich geoffenbarte Klarheit und volle Gewißheit über den wahren Charakter unserer Gegenwart geschenkt werden.

Nun ist gerade für unsere Tage die wachsende Überzeugung ernstzunehmender Geistesmenschen bezeichnend, daß wir schon in die Endphase unseres Zeitalters eingetreten sind. Da wir hier nur an sehr nüchterne Leute denken, die jedem Schwarmgeist abhold sind, dürfen wir es mit aller Bescheidenheit ruhig auszusprechen wagen, daß dieser Eindruck nur eine Wirkung des Heiligen Geistes sein kann, so sehr wir auch wissen, wie viele Schwärmer sich auf eine angebliche Erleuchtung durch den Geist berufen. Dieser Mißbrauch darf aber nicht dazu führen, von vornherein gleich alles, was sich als

Wirkung des Heiligen Geistes ausgibt, als unnüchtern abzutun, so daß wir uns gar nicht erst die Mühe machen, alles ernsthaft zu prüfen. Das könnte ebenso gefährlich werden.

So sehr dieser Weckruf in Römer 13 den Gläubigen aller Zeiten etwas sagen konnte, ist es durchaus möglich, daß der erhöhte Herr dieses Wort durch Paulus in erster Linie für die Endzeitgeneration niederschreiben ließ, um die dann lebenden Gläubigen beim Lesen ganz persönlich ansprechen zu können: »*Ihr* lebt nun in dieser Stunde, und *euch* gilt's, sich aufzumachen!«

Und diese geistgewirkte Überzeugung ernstzunehmender Gläubiger harmoniert wunderbar mit den Ergebnissen, zu denen wir aufgrund des prophetischen Wortes kommen. So gründet sich also die Gewißheit von der bald zu erwartenden Ankunft unseres Herrn auf diesen beiden fundamentalen Pfeilern: auf dem Zeugnis der Schrift und dem des Geistes!

Aus all diesen Gründen muß die Erwartung des Herrn Jesus bei den Gläubigen heute bewußter und intensiver denn je sein. Sie war ja schon immer ein Hauptkennzeichen gesunden Glaubenslebens, wird sie doch von Paulus in 1. Thessalonicher 1, 10 geradezu als ein Hauptzweck der Bekehrung herausgestellt: ». . . und zu warten auf seinen Sohn vom Himmel, welchen er auferweckt hat von den Toten, Jesus, der uns von dem zukünftigen Zorn errettet.« Diese Erwartung des Herrn ist also nicht etwas am Rande Liegendes, sondern eben ein Hauptwesenszug gesunden Glaubenslebens.

Und nun kommt die große Botschaft: »Unser Heil[1] ist jetzt näher, denn da wir gläubig wurden . . .« Kann es für sehnsüchtig auf ihren Herrn Wartende überhaupt eine herrlichere Ankündigung geben? Muß ihr Herz bei dieser Eröffnung nicht vor großer Freude springen, daß »der schöne Tag und die noch viel schönre Stund« ganz nahe sind, die ihnen

1 Heil bedeutet hier nicht Rettung im Sinne des Durchbruchs vom Tode zum Leben, sondern Heilsvollendung.

bald die Tür in die unaussprechliche Herrlichkeit auftun werden?

Diese Stunde brauchen wir nicht erst zu erwarten, unsere Endzeit hat sie bereits gebracht: sie ist schon da! Ein Hauptbeweis für diese Behauptung ist das Geschehen in Israel und das allgemeine Verlangen nach Friede und Sicherheit[1]. Jetzt gilt es, vom Schlaf zu erwachen und aufzustehen sowie für die Gläubigen die *höchste Bereitschaftsstufe* auszugeben! Wir wollen dabei freilich nicht in diesem Zusammenhang die ernste Kehrseite verschweigen, daß die letzte Phase vor der Entrückung den Gläubigen besondere Ausreifeleiden bringen wird.

Biblisch gesehen leben wir in der auf Mitternacht vorrükkenden Nacht und gehen dem kommenden Tag entgegen. Mitternacht bedeutet höchsten Finsternisgrad und damit größte Schlaftiefe! Hier haben wir die Erklärung für den stets übermächtiger werdenden Schlafgeist in unserer Gegenwart, und es kann wohl niemand von sich behaupten, daß er gegen ihn gefeit sei. Die zehn Jungfrauen des Gleichnisses in Matthäus 25 schliefen *alle* ein; dem entspricht genau unsere Lage. Nun geht es heute darum, daß wir uns rechtzeitig wach machen und ganz zubereiten lassen. Deshalb sollten wir diesen Alarm- und Bereitschaftsruf nicht ungehört verhallen lassen!

Wer fest mit der nahen Zukunft Jesu und den sie begleitenden Ereignissen rechnet, bekommt einen richtigen Blick für die wahren Wert- und Größenordnungen. Eine solche schwerwiegende Überzeugung muß sich notwendigerweise auf das ganze Leben auswirken. Dann wird uns klein das Kleine und groß das Große.

Dabei sollte es uns darum gehen, daß der Herr uns jene Gelassenheit schenkt, die sich über alle uns nur ablenkenden Kleinigkeiten und Kleinlichkeiten erhebt. Es ist erschüt-

1 Weithin zwei Hauptworte der gegenwärtigen Diskussion, die nach 1. Thessalonicher 5, 3 (so dort wörtlich!) das Bestreben der verführten Menschheit gerade vor dem Ende sein werden. Näheres darüber im Buch »Was bald geschehen wird« vom gleichen Verfasser.

ternd, zu sehen, wie in einer so ernsten Zeit wie der unsrigen auch Gläubige noch auf Gewinn und Ehre aus sind und nicht alles in ihrer Macht Stehende tun, um Spannungen zu beseitigen; wie sie nicht zur Vergebung bereit sind; auch noch ein Eigen- statt eines Opferlebens als des Herrn Geweihte führen. Sollte uns nicht vielmehr ein Überwindergeist kennzeichnen, der in dieser ernsten Zeit wegen der vor uns liegenden unvorstellbaren Herrlichkeit zum Lammesweg mit allen damit verbundenen Opfern und Konsequenzen bereit machen will?

Vor einigen Jahren hatte sich eine Frau eine Geldsumme für den Kauf einer kostbaren Perserbrücke zusammengespart. Gerade in dieser Zeit drängte sich ihr der Gedanke von der vorgerückten Endzeit auf. Sie nahm daher von dem geplanten Kauf Abstand und stellte den Betrag für einen Zweck zur Verfügung, aus dem sie Ewigkeitswerte erwarten darf. Ob sich diese Frau eine einfachere oder keine Brücke gekauft hat, eines ist sicher: bis in das äußere Erscheinungsbild des Zimmers wirkt sich hier die Überzeugung von dem baldigen Ende unseres Zeitalters aus.

Bei der biblisch gebotenen Prüfung müssen wir heute immer die Besonderheit und Einmaligkeit unserer vorgerückten Weltenstunde im Auge behalten.

Es ist schon ein grundsätzlicher Unterschied, ob ein gläubiger Katholik mit einem Kinde Gottes aus dem anderen Glaubenslager in einem KZ Gebetsgemeinschaft gehabt hat oder ob heute offiziell zu gemeinsamen Gebetsversammlungen aufgerufen wird, weil es sich hier im Zuge der vorgeschrittenen Entwicklung um einen – wenn auch noch so kleinen – Beitrag zum Abbau jenes Grabens handelt, an dessen Ende doch nur die christuslose Endzeitkirche stehen kann. Wir dürfen uns dem biblischen Gebot, alles zu prüfen, was heute besonders sorgfältig geschehen muß, nicht mit dem Argument zu entziehen versuchen, daß wir es ja so ehrlich meinen und noch manches vielleicht in gutem Sinne beeinflussen könnten; denn wir müssen wissen, daß am Ende nur die Ergebnisse zählen. Um wieviel besser für den Teufel, wenn er solche mit Hilfe der Gläubigen erzielen kann!

Damit werden wir schon auf eine andere mit der Einmaligkeit unserer Weltenstunde zusammenhängende Endzeiterscheinung hingewiesen: Manche – weil eben letzte – Entwicklung wird nicht mehr von einer anderen abgelöst werden, sondern ihre totale Ausreife erfahren. Die bis dahin gültige Erfahrung, daß alles einmal etwas Nachfolgendem Platz machen muß, setzt diese Endphase außer Kraft. So haben sich die theologischen Strömungen bisher einander abgelöst. Die letzte bildet eine Ausnahme: sie wird einen vollausgereiften Beitrag zur Herausbildung des Antichristentums leisten, also endgültig in ihm aufgehen!

Wir leben nun einmal in einer Zeit, in der alles mit unheimlicher Macht auf letzte Entscheidungen drängt. Es spitzt sich alles aufs höchste und schärfste zu. *Deshalb darf die Beurteilung der Erscheinungen unserer Tage nicht mehr nur so schul- und routinemäßig erfolgen, sie muß schon von einer hohen prophetischen Warte aus geschehen!*

Als Beispiel seien nur die vielen Zusammenschlußbewegungen genannt. Es sind zugegeben oft sehr harte handfeste wirtschaftliche Notwendigkeiten, die zu solchen Kooperationen geradezu zwingen. So arbeitet ein Computer erst von einem bestimmten Mitgliederbestand an rentabel. Deshalb müssen z. B. kleinere Genossenschaftsbanken Anschluß an größere suchen. Von der prophetischen Warte aus erkennt man hinter dieser Zwangsläufigkeit einen – wenn wiederum auch noch so kleinen – Beitrag zur letzten Weltkonzentration. Ist die Stunde des Antichristen erst einmal gekommen, muß alles schon so weit vorbereitet sein, daß er sich nur noch an die Spitze zu stellen braucht und einen leistungsfähigen Apparat zur Verfügung hat. Damit ist auch die Voraussetzung für eine totale Kontrolle auf allen Gebieten gegeben. Unter diesem Gesichtspunkt gilt es, alle Vereinigungsbestrebungen zu erkennen, auch die auf kommunaler Ebene; denn es ist viel leichter, einen Bürgermeister einer Großgemeinde auf Linientreue zu überwachen als zehn von Kleingemeinden. Wie soll man aber auf solche Zusammenhänge kommen, wenn man nicht vom prophetischen Wort erleuchtet ist?

Die schon seit den Tagen der Apostel auf den Antichristen zielstrebig hinführende Vorbereitungszeit ist die eigentlich gefährliche Zeit, eben weil Verführungszeit. Hier müssen wir klaren Durchblick haben, damit wir nicht unwissentlich die Geschäfte des Gegenspielers unseres Gottes in der entscheidenden heutigen Phase der Vorbereitungszeit des Antichristen besorgen.

Während einerseits das Nachtwesen dieser Welt seine höchste Entfaltung erfährt, sind andererseits die Gläubigen aufgerufen, einen Wandel »als am Tage« zu führen. Daraus folgt: je dunkler nun die Endzeitnacht wird, um so schärfer muß sich das geheiligte Leben der Gläubigen von der Umwelt abheben[1]. Das ist das völlige Gegenteil zu den manchmal heute in christlichen Kreisen ausgegebenen – wenn auch gut gemeinten – Parolen, daß sich die Gläubigen der Welt zumindest im Äußeren der Welt anpassen müßten, um die Christusfernen auch recht da abholen zu können, wo sie stehen.

Wir dürfen als Gläubige in dieser vom Nebel der Endzeit berauschten Welt nicht in den Tag nur so hineinleben, sondern sollen als bewußte Kinder des Lichts stets die rechte Orientierung suchen. Den Gläubigen gilt: »Ihr aber, liebe Brüder, seid nicht in der Finsternis, daß der Tag wie ein Dieb über euch komme. Denn ihr alle seid Kinder des Lichtes und Kinder des Tages. Wir sind nicht von der Nacht noch von der Finsternis« (1. Thess. 5, 4. 5). Es ist schon ein Unterschied,

1 »Die christliche Ethik in unseren evangelischen Gemeinden erhebt sich im allgemeinen nicht über die bürgerlich-moralische. Unsere Heiligung ist so kraftlos oder verliert sich in Willkürlichkeiten und hat keine Größe und Kraft. Warum ist das so? Weil wir die Zukunft verloren haben und mit der Zukunft den Maßstab! . . . Nun gibt es ein unermüdliches, großes, das ganze Leben erfüllendes Streben: würdig zu wandeln dieser Berufung! Nun wird diese ›Zukunft‹ für unser Leben schon ›Gegenwart‹ . . . Wie bekommt das ganze Leben eine neue, für den natürlichen Menschen wie für den flauen Durchschnittschristen geradezu unheimliche und erschreckende Prägung, durch die doch zugleich das ›Jenseitige‹, das ›Zukünftige‹ beglückend real hindurchleuchtet!« (Werner de Boor zu 1. Thess. 2, 10 in »Die Briefe an die Thessalonicher«, Wuppertal.)

ob ich mich als Fremder in einer unbekannten Gegend am hellen Mittag oder um Mitternacht zurechtfinden muß.

Aus diesem allen gilt es, die einzig richtige Schlußfolgerung zu ziehen: »So lasset uns nun nicht schlafen wie die anderen, sondern lasset uns wachen und nüchtern sein« (V. 6). Ganz klar stellt Paulus heraus, daß der Mensch, der im Nachtelement dieser Welt sein Wesen hat, sich ständig in einem gefährlichen Rauschzustand befindet: »Denn die da schlafen, die schlafen des Nachts, und die da trunken sind, die sind des Nachts trunken. Wir aber, die wir des Tages sind, wollen nüchtern sein, angetan mit dem Panzer des Glaubens und der Liebe und mit dem Helm der Hoffnung auf das Heil« (V. 7. 8).

Zweierlei ist also besonders nötig: hohe Wachsamkeit und rechte Nüchternheit!

Und was nicht alles kann unnüchtern machen: Erfolg, Leistungen (und zwar auch fromme), Technik, Bildung, Lebensstandard, Schönheit und vieles andere mehr! Sind nicht heute Rausch und Unnüchternheit typische Kennzeichen des modernen Menschen? Nicht unerwähnt bleiben darf in diesem Zusammenhang der *fromme Rausch*, der gegenwärtig sogar für die gläubigen Kreise eine der größten Verführungen zur Unnüchternheit darstellt. Wie wenig vermag man geistliche Wirkungen selbst von Schwärmereien zu unterscheiden! Wenn man auch schon die Parole ausgegeben hat, unsere Evangelisationen müßten seelischer sein, ist man sich dessen sicher nicht bewußt, welchen Geistern man damit Tor und Tür öffnet. Den Höhepunkt der Welle dieser Berauschtheit zeigt uns Offenbarung 17, 2: Die große Hure wird schließlich die ganze Menschheit trunken machen.

Es ist höchste Zeit, die hemmenden Werke der Finsternis abzulegen, die wir uns heute einfach nicht mehr leisten können, und zu den Waffen des Lichtes zu greifen! Paulus würde nicht vor »Schwelgereien, Trinkgelagen, Unzucht, Ausschweifungen, Streit und Eifersucht« (Menge) warnen, wenn sie keine wirklichen Gefahren darstellten. Und wie nötig haben gerade wir in unserer Zeit die Mahnung, nicht soviel »Vorsorge zu treiben für das Fleisch zur Erfüllung seiner Lüste« (Röm. 13, 14 nach der Elberfelder Übersetzung), weil jede zu starke Pflege des äußeren Menschen zur Entstehung neuer Begierden führt!

Auch durch den Beruf dürfen wir uns nicht in diese Dinge hineinziehen lassen! Wie sehr es zu einer Umkehrung der Dinge gekommen ist, vermag folgender Hinweis zu erhellen: Es gilt in der Welt als ehrenhaft, z. B. bei einer kühnen Bergbesteigung das Leben aufs Spiel zu setzen, aber selbst bei Gläubigen als Übertreibung, um Jesu willen ein großes Opfer zu bringen. Nicht selten wird dann so argumentiert: Man hätte doch vorsichtiger sein können! Es singt sich auf einer großen Bekenntnisversammlung sehr leicht:

Nehmen sie den Leib,
Gut, Ehr, Kind und Weib:
Laß fahren dahin,
Sie haben's kein'n Gewinn,
Das Reich muß uns doch bleiben.

Aber wenn es ernst wird, werden in der Praxis gleich andere Maßstäbe angelegt. Nein, zum Wesen des normalen Christenstandes gehört es einfach dazu, daß zum Wortbekenntnis das Tatzeugnis treten muß samt der Bereitschaft, für Jesus nicht nur den Beruf, sondern selbst das Leben hinzugeben. Zu einer solchen Totalhingabe wollen wir aufrufen! Denken wir doch daran, daß wir berufen sind, in eine Schar eingegliedert zu werden, zu der Märtyrer gehören, die ihr Leben nicht geliebt haben bis in den Tod! Eines trifft aber auf alle Glieder des Leibes Christi, die uns vorangegangen sind, zu: sie haben ihrem Herrn gelebt und um Jesu willen die Welt und ihre Lust verachtet.

Das für die Ewigkeit wesentlichste Ereignis in unseren Tagen vollzieht sich unbemerkt vom großen Geschehen: Es steht das kleine Häuflein der wachgewordenen Gemeinde auf, das das Gebot der Stunde erkannt hat, ganz bewußt dem bald wiederkommenden Herrn entgegenzugehen und das ganze Leben – noch stärker als bisher – von der großen Zukunft Gottes bestimmen zu lassen. *An jeden Leser ergeht mit diesen Zeilen der Ruf, sich diesem aufgebrochenen Häuflein anzuschließen!*

Dabei wollen wir bereit sein zum Leiden, Dulden, Überwinden und Kämpfen, zu Spott und Hohn; denn die Krone winkt, und der Tag ihres Empfangs ist nahe!

In dieser letzten Zeit kann es nur noch den Betern gelingen. In einem bekannten Gebetslied von Karl von Pfeil (1712–1784) heißt es: »Betet, daß die letzte Zeit vollends übergehe!« Dazu bedarf es einer endzeitlichen Gebetsvollmacht, das Nachsprechen formulierter Gebete, auch das gewohnheitsmäßige Beten in ausgefahrenen Gleisen reicht hier nicht aus.

Vollziehen wir die Aufforderung Michael Hahns (1758–1819) zur Selbstprüfung nach:

Kann ich in der letzten Zeit
Auch noch träg und lässig bleiben?
Weil der Tag des Herrn nicht weit, –
O wie sollt mich dieses treiben!
Herz, es muß noch besser gehn,
Als es bisher ist geschehn.

Ist nicht Zeit genug versäumt,
Da wir noch in Sünden schliefen?
O wie mancher Tag verträumt,
Da wir im Verderben liefen!
Sollt es jetzt auch noch geschehn,
Da wir doch am Tage gehn?

Nein, mein Herz, es tut sich nicht;
O die Zeit ist viel zu teuer;
Werde doch der Gnade Licht

Und der innern Zucht getreuer.
Daß dich nicht der Herr ergreif
Unvollendet und nicht reif.

Und sollten wir darüber sterben, eine bessere Vorbereitung auf den Tod als die lebendige Erwartung des wiederkommenden Herrn kann es nicht geben:

Liebster Jesu, es tut not;
Denn dein Tag ist in der Nähe;
Und vielleicht kommt mir der Tod,
Eh ich nach dem Schlaf aufstehe.
Friste mir die Gnadenzeit
Und gib, daß ich ernstlich streit.

II. Einzelne Gefahren der Endzeit

1. Verführung und Verwirrung

Die heutige Verführung und Verwirrung liegt zutiefst im Wesen der Vorbereitungszeit für den Antichristen begründet, in der wir uns in einem vorgeschrittenen Stadium mitten drin befinden.

Das vermag uns sofort deutlich zu werden, wenn wir wissen, daß »anti« im Griechischen mehr »anstatt, anstelle« bedeutet als »gegen«. Schon das erste Vorkommen dieser Präposition im Neuen Testament vermag uns deren Sinn klar aufzuschließen: »Da er (Joseph) aber hörte, daß Archelaus im jüdischen Lande König war *anstatt (= anti)* seines Vaters Herodes« (Matth. 2, 22).

Wenn der Mensch etwas aus eigener Kraft zu erreichen versucht, was Gott in Christus sich vorgenommen hat, schon dann betätigt er sich antichristlich! Das kann also immer selbst dann der Fall sein, wenn man gar nicht daran denkt, sich gegen Christus zu stellen, und sich sogar gutgläubig des christlichen Namens bedient. Sehr viele Versuche, die großen Probleme der Menschheit zu lösen, um den Weg zu einem Paradies frei zu machen, stehen unter diesem Vorzeichen, wie z. B. die Kriege ganz abzuschaffen, den Hunger mit Stumpf und Stiel auszurotten oder gar den Tod zu besiegen.

So dunkel auch die Zeit werden wird, vieles, was der Mensch erwartet, wird dem Antichristen gelingen. Die Menschheit wird manchen Grund zum Jubeln haben. Das übersehen die Ausleger, die die antichristliche Zeit nur schwarz in schwarz malen. Allerdings, ein wahrer Menschenbeglücker kann und wird der Antichrist nie sein. Es wird sich nur um scheinbare Fortschritte handeln, die zudem nur von kurzer Dauer, d. h. vorübergehender Natur sein werden.

Da der Antichrist nur die Ausreife des immer schon, aber heute besonders wirksamen widergöttlichen Geistes ist, haben wir schon jetzt mit dieser Gegenmacht kräftig zu tun;

wir müssen aber im Blick auf die Zukunft noch mit ganz anderen Auswüchsen rechnen. Das Antichristentum – allen göttlichen Ordnungen gerade entgegengesetzt – behauptet, mit seinem Messias der Welt das ersehnte Heil bringen zu können. Das wird manche Gewissensnot mit sich bringen. Vieles, was im schärfsten Gegensatz zum Worte Gottes steht, erscheint sehr vernünftig, entspricht anscheinend völlig dem Allgemeinwohl.

Die zunehmende Einengung des Existenzraumes der Gemeinde Gottes ist ein deutliches Zeichen unserer Endzeit. Das darf uns nicht verwundern, setzt doch Satan zu seinem größten Angriff gegen die Herde Christi an, legt aber vorerst den Schwerpunkt auf die Verführung, um jene Verwirrung zu stiften, von der im einzelnen in den verschiedenen Abschnitten dieser Abhandlung die Sprache ist.

Dabei stoßen wir auf Tatbestände, die in unserer Zeit zum erstenmal in Erscheinung treten, während wieder andere nur ihre volle Ausreife erfahren.

Ohne das prophetische Wort besteht in einer solchen Zeit keine Möglichkeit, sich zurechtzufinden. Das Gebot der Stunde hatte Karl Eicher, der damalige Vorstand des Pfälzischen Evangelischen Vereins für innere Mission, erkannt, als er zum 75jährigen Bestehen dieses Gemeinschaftsverbandes im Jahre 1950 schrieb: »Vor allen Dingen aber muß darüber gewacht werden, daß der ganze Ratschluß Gottes verkündigt wird. Daß das nicht immer geschehen ist, beugt uns tief. Mehr denn je muß es zukünftige Aufgabe der Gemeinschaftspflege sein, das prophetische Wort in nüchterner, klarer Weise auf den Leuchter zu stellen.«

Selbst für die Evangelisation hatte das der damals bekannte Ausleger des prophetischen Wortes B. Keller auf der Gnadauer Pfingstkonferenz 1924 in Halberstadt gefordert: »Brüder, wir müssen nicht nur in Predigten und Bibelstunden, sondern auch in unseren Evangelisationsvorträgen über das prophetische Wort sprechen.« Und überall da, wo das nicht der Fall ist, finden wir durch die Praxis bestätigt: »Durch einseitige Evangelisation ohne prophetische Orientierung entsteht ein Erweckungsrausch, in welchem sentimentale Mißgeburten und verkümmerte Pseudochristen erzeugt werden, ohne die Auferstehungskraft Christi[1].« Diese wichtigen Zusammenhänge scheinen aber vielen heutigen Evangelisten überhaupt noch gar nicht aufgegangen zu sein!

Recht eindrücklich vermögen uns die einmalig wichtige Bedeutung des prophetischen Wortes für unsere Zeit die beiden nachstehenden Zitate aufzuzeigen:

»Viele Übelstände, die die Gemeinde von heute kennzeichnen, rühren daher, daß Christen sich damit begnügen, die Lehre – als etwas rein Objektives – in sich aufzunehmen. Sie streben nach einer äußerlichen, verstandesmäßigen Erkenntnis der Schrift, wenden das Wort Gottes aber nicht auf ihr persönliches Dasein an ... Wenn sie in ihrer Auffassung konservativ oder schriftgerecht sind ..., dann, meinen sie, sei alles in Ordnung ... Aber in den Augen Gottes bemißt sich ihre geistliche Höhe lediglich danach, inwieweit sie zu einer wahrhaften inneren Erkenntnis Christi gelangt sind; alles andere zählt nicht. Ihre Schriftauffassung mag durchaus korrekt sein, aber wenn sie das Leben nicht haben, dann fehlt ihnen das Höchste, das, was allein wesentlich ist ... der Buchstabe – auch der fundamentalistische – tötet; Leben gibt nur der Geist (2. Kor. 3, 6). Wollen wir anderen Leben bringen, dann dürfen wir das Wort nicht nur so verkündigen, wie Gott es vor Jahrhunderten gesagt hat im Hinblick auf seine damaligen besonderen Zwecke; sondern wir müssen auch wissen, was es den Menschen von heute zu sagen hat.

Denn ein Prophet ist im Neuen Testament einer, der wie Elia oder Johannes der Täufer kundmacht, was Gott in der jeweils gegenwärtigen Zeit vorhat. Drei Dinge kennzeichnen einen Propheten: eine persönliche Geschichte mit Gott, eine innere Bürde und von Gott eingegebene Worte, die jene

1 Mühlethaler, »Babylon – ein Geheimnis« (vergriffen).

Bürde ausdrücken und erklären, so daß der Prophet, wenn er das Gotteswort übermittelt hat, von seiner Bürde befreit ist.

Für einen solchen Dienst ist heute Schriftstudium wesentlich[1].« –

»Die Propheten – die Zeugen des prophetischen Amtes in der Gemeinde Jesu Christi – kann man vergleichen mit Verkehrsschildern an der Straße des wandernden Gottesvolkes. Sie warnen vor Gefahren auf dem Weg, sie weisen die Richtung zum Ziel. Schon immer standen Zeugen des prophetischen Amtes an den Straßen des Volkes Gottes: warnend, aufrüttelnd, gewissenschärfend, strafend im Widerspruch, wegweisend und mutmachend in die Zukunft[2].«

2. *Die religiös-kirchliche Lage*

a) Kirchen, Freikirchen und Gemeinschaften

Nach dem Zweiten Weltkrieg ist der ganze religiöse Sektor so stark in Bewegung geraten, daß sich schon heute klar absehen läßt, daß das Ergebnis dieser Entwicklung zu ganz neuen Ufern führen wird.

Noch vor 40 Jahren wäre es undenkbar gewesen, daß ein römischer Dompfarrer in einem Gemeinschaftssaal sprechen und ein Priester in einer baptistischen Kapelle eine Allianzgebetsstunde einleiten würde! Am 3. Advent 1983 sprach seit der Reformation zum erstenmal ein Papst in einer evangelischen Kirche, der Christuskirche in Rom. Wir stehen vor Wandlungen, bei denen uns die Kürze der zeitlichen Spanne zwischen Idee und Verwirklichung oft in Erstaunen zu versetzen vermag. Die auf allen Gebieten zunehmende Beschleunigung der Entwicklung kann nur endzeitlich recht gedeutet werden. Es ist wie mit einer abrollenden Spule: Je

1 Watchmann Nee, »Der persönliche Auftrag der Christen«, Wuppertal.
2 Th. Klenk in »Der Gärtner«, Witten, Nr. 36/1968.

näher dem Ende, um so größer die Beschleunigung. Wir werden das sicherlich schon alle bei einer Nähmaschine oder an einem Tonband beobachtet haben.

Die biblische Begründung gibt uns das bekannte Wort des erhöhten Herrn: »Siehe, ich komme schnell[1]!« (Offb. 22, 12). Schon wegen dieser sich geradezu überschlagenden Entwicklungsgeschwindigkeit müssen wir damit rechnen, daß wir den Abschluß des gegenwärtig laufenden Zeitalters viel schneller, als allgemein angenommen, erreichen werden.

Sehen wir einmal von den ständigen zeitbedingten theologischen Wandlungen ab, so können wir doch in all den früheren Jahrhunderten bis in die erste Hälfte des 20. Jahrhunderts eine gewisse Kontinuität der aus der Reformation hervorgegangenen Kirchen feststellen. Wenigstens äußerlich war diese Herkunft noch zu erkennen. Richtungen in ihr widerstanden im Dritten Reich der allgemeinen Verführung Hitlers. Genau dieselben Leute waren aber oft der ganz anders gearteten politisch-ökumenischen Verführung der Nachkriegszeit nicht gewachsen.

Ihre bisherigen Grundlagen verläßt die Kirche immer mehr, sie bestimmen nicht mehr ihren Kurs. Man erhofft eine ganz neue Kirche, ohne jedoch von ihr eine klare Vorstellung zu haben. *Die* Bedingung muß sie aber erfüllen, daß sie gut in die Welt hineinpaßt. Symptomatisch für diesen Trend ist die in Neu-Delhi 1961 ausgegebene Losung für die Marschrichtung der Ökumene in die Zukunft: »Die Kirche soll sich bekehren zur Welt von heute!«

Statt Verkündigung nun Dialog, statt Diakonie Sozialarbeit, statt Mission gar nur Entwicklungshilfe.

Die Freikirchen, aus geistgewirkten Erweckungen hervorgegangen, konnten sich dem Gesetz der Verkirchlichung auf die Dauer nicht entziehen, hatten aber anfangs noch von den geistlichen Aufbrüchen her geprägte Verkündiger und Glie-

1 So genauer wiedergegeben als mit »bald«. Von dem hier stehenden Wort ist der uns bekannte Ausdruck »Tachometer« abgeleitet. Im Unterschied zur Uhr zeigt ein Tachometer nicht die Zeit, sondern die Geschwindigkeit an.

der, die nun allerdings immer weniger werden. Deutlich erkennbar ist das Bestreben der nachdrängenden Generation, wie die Großkirchen als vollberechtigt anerkannt, nicht mehr als »Sektierer« verschrieen zu werden. Und weithin haben sie es auch geschafft.

Diesen Generationenwechsel bekommen auch die Gemeinschaften zu spüren, hier nur in etwas anderer Form. Weil es sich nicht um Kirchen handelt, ihre Glieder ihre kirchliche Heimat also anderswo haben, besteht die Gefahr eines nur äußeren Hineinwachsens als Mitglied nicht ganz so stark, wohl aber führt die Sorge um den Prediger- und Mitgliedernachwuchs zu stillschweigender Duldung vieler Mißstände, selbst wenn man dabei ein ungutes Gewissen hat.

Wie konnte es, näher betrachtet, dazu kommen? Bei den evangelischen Landeskirchen ist die Hauptursache wohl darin zu suchen, daß sie nicht mehr Kirchen des Wortes sind, also ihre ursprüngliche Glaubensgrundlage preisgegeben haben. Hinzu kommt noch ihre vom neutestamentlichen Gemeindebild abweichende Struktur. Bleibende Frucht ist eben nur im Rahmen der kleinen Schar der Gläubigen möglich. Sobald man über diese biblisch engen Grenzen hinaus will, muß man notgedrungen fremde Elemente aufnehmen. Von der kleinen Herde im biblischen Sinne ist heute in den Großkirchen kaum die Rede, ja, es geht im Gegenteil darum, in der Welt mitreden und einen Beitrag zur Lösung der anstehenden Probleme leisten zu können. Damit ist aber grundsätzlich jedem Zeitgeist Tor und Tür geöffnet. Man begibt sich dadurch der Möglichkeit, in dieser Zeit und Welt ein prophetischer Mund Gottes zu sein. Die offenbare Unfähigkeit der kirchlichen Organe, entscheidende Zeiterscheinungen biblisch zu beurteilen, ist die Quittung dafür.[1]

Diese Entwicklung aber darf uns keineswegs überraschen.

1 Bezeichnend ist, daß die Kirchen zu vielen Problemen, z. B. Entwicklungs- und Ausländerfragen, wie die Welt keine andern als nur humane Stellungnahmen – ohne Bezug auf die Bibel – abgeben. Man hört z. B. nichts vom göttlichen Fluch aufgrund von 1. Mose 9, 25–27 über die Farbigen, der mit dem Kommen Jesu nicht automatisch global aufgehoben ist, sondern erst in der zukünftigen messianischen Heilszeit für ganze Völker beseitigt werden wird.

Sie haben schon vor Jahrzehnten einsichtige Männer vorausgesagt: »Die Volkskirche in ihrer bisherigen Form wird zerbrechen. Wir wollen dabei nicht mithelfen einzureißen. Wir wollen aber das Zerbrechen auch nicht mit letzter Kraft aufzuhalten versuchen, sonst könnten wir unter den Trümmern begraben werden[1]« (Th. Böhmerle).

Und eine Stimme aus der Gegenwart bestätigt, daß die Entwicklung sich tatsächlich im Sinne dieser prophetischen Schau vollzogen hat: »Das traditionelle Christentum geht seinem Ende entgegen. Wir wollen dem nicht nachtrauern. Die Zeit der Scheidung ist gekommen. Wundern wir uns nicht, wenn Scheidungen und Entscheidungen sich vollziehen müssen[2].«

Die Abwärtsentwicklung der Freikirchen und Gemeinschaften vollzieht sich mit einer fast festen Gesetzmäßigkeit. Sobald die erste Glut der Liebe erkaltet ist, lebt man eine Zeitlang von der Tradition, noch in Spannung gehalten durch die lebendigen Kräfte und mit den nur der Form nach Hineingewachsenen. Die Probleme der Gläubigen in der Volkskirche sind heute weithin die der klarstehenden Zeugen Jesu in den Freikirchen und Gemeinschaften.

b) Rom

Rom weiß, was es will. Es kann und wird seine Grundlagen nie preisgeben, was alle offiziellen Erklärungen auch deutlich unterstreichen. So u. a. Papst Paul VI. im Dezember 1969: »Der Papst ist als Nachfolger Petri personifizierter Mittelpunkt der Kirche. Das aktuelle Anliegen der Wiedervereinigung aller Christen kann von dieser Wahrheit nicht absehen, ebensowenig von der päpstlichen Unfehlbarkeit.«

Auch die Aufrichtigkeit mancher Vertreter des Katholizismus ändert daran nichts, ganz abgesehen davon, daß wir uns

1 Zitiert nach dem »Gnadauer Gemeinschaftsblatt«, Dezember 1971.
2 Heinrich Kemner in »Erweckliche Stimme«, Dezember 1968.

hüten müssen, nach einzelnen uns bekannten Katholiken die kirchliche Institution zu beurteilen. Nur wollen das viele Evangelische nicht wahrhaben, würde es doch die Zerstörung so mancher schönen Illusion bedeuten. Aber Illusionen ändern nun einmal nichts an Tatsachen. Der Katholizismus stellt ein Gemisch von Biblischem und Heidnischem dar, ist eine von Irrlehren durchsetzte Mischreligion. Deshalb kann nur eine nicht mehr auf dem Boden des Worts stehende Kirche sich hier um einen Brückenschlag bemühen: geht es doch um einen Dialog mit einer »Religion«, die sich vom biblischen Christenglauben, der sich auf göttliche Offenbarung gründet, grundsätzlich darin unterscheidet, daß sie einen Weg vom Menschen zu Gott meint. Entweder hatte Luther übertrieben, als er die gravierenden Irrlehren Roms herausstellte, oder aber Rom hat sich gewandelt: beides als Voraussetzung einer Überprüfung der Lage ist nicht der Fall. Im Gegenteil: Luther war vom römischen Ufer noch nicht weit genug abgestoßen, und Rom ist nicht nur nicht von seinen Standpunkten, z. B. dem Primat des Papstes und der Lehre von der Messe, abgerückt, sondern hat den bisherigen noch weitere unbiblische Dogmen hinzugefügt, so z. B. die Unfehlbarkeit des Papstes (1871) und Mariä Himmelfahrt (1950).

Das biblische Hauptkennzeichen einer echten Wandlung ist die Buße. Sie hat Rom für alle seine Schuld, begangen an Andersgläubigen, bis heute noch nicht getan. Der biblischen Auffassung von Buße entspricht das bekannte Schuldbekenntnis Papst Paul VI. keineswegs: »*Falls* irgendeine Schuld uns für diese Trennung zuzuschreiben wäre, so bitten wir demütig Gott um Verzeihung und bitten gleichfalls die Brüder um Vergebung, falls sie sich von uns verletzt fühlen sollten.« Unwillkürlich stellt sich die Frage, wer bei wem denn mehr abzubitten habe, etwa für das dunkle Kapitel der Inquisition, wenn der Papst fortfährt: »Und was uns angeht, sind wir bereit, die Beleidigungen zu verzeihen, die die katholische Kirche getroffen haben, und den Schmerz zu vergessen, der ihr in der langen Folge der Auseinandersetzungen und Trennungen zugefügt worden ist.«

Infolge der noch nicht aufgehobenen Beschlüsse des Tridentinischen Konzils (1545–1563) stehen alle Nichtkatholiken unter kirchlichem Verdikt, und es werden alle verflucht, die ihre Seligkeit auf das einzig wahre biblische Fundament der uns von Christus erworbenen Rechtfertigung allein aus Gnaden durch den Glauben gründen. Es heißt: »Wer behauptet, allein durch den Glauben werde der Sünder gerechtfertigt, der sei ausgeschlossen! Wer behauptet, die empfangene Gerechtigkeit werde nicht vor Gott durch gute Werke vermehrt, sondern diese Werke seien nur Früchte und Zeichen der erlangten Rechtfertigung, der sei ausgeschlossen!« *Hier wird der Glaube an solche biblischen Zentralwahrheiten mit dem Fluch belegt, von denen wir nur um den Preis des Verlustes der Seligkeit abrücken könnten. Daran hat auch das Lutherjahr 1983 nichts geändert.*

Die Blindheit der Evangelischen, bei dieser Sachlage zu Dialogen bereit zu sein, kann nicht anders als ein Gericht Gottes bezeichnet werden. Wehe, wenn *Gott selbst* in kräftige Irrtümer dahingibt! (2. Thess. 2, 10.)

Wie sehr man auch in den allereinfachsten Fragen die biblische Orientierung verloren hat, zeigen die falschen Auffassungen über das Zusammenleben mit Katholiken. Wird nicht manchmal so argumentiert, daß es doch besser sei, gemeinsam zu beten als sich im Namen der Religion umzubringen? Man kann sich des Eindrucks nicht erwehren, daß man unter all den vielen Möglichkeiten nur noch diese extreme Alternative sieht: entweder Scheiterhaufen oder totale Vereinigung. Aber gerade beides ist nicht biblisch. Ein Gläubiger, der, soweit es an ihm liegt, mit jedermann Frieden haben, ja, sogar seine Feinde lieben soll, darf doch keinen Menschen hassen. Ob Katholik, Sektierer oder Atheist: jedem habe ich in der Gesinnung Christi zu begegnen. Natürlich ist das etwas anderes als Glaubensgemeinschaft und Bruderschaft mit Gliedern der Gemeinde Gottes. Der konfessionelle Haß der Vergangenheit ist wahrlich kein Ruhmesblatt in der Kirchengeschichte. Heute fällt man nun ins andere Extrem und meint, um der Einheit willen über alle Unterschiede hinwegsehen zu müssen.

Besonders vorsichtig gilt es zu sein, wenn der Wolf im Schafspelz kommt. Die Juden lehnten das Anerbieten der Samariter, am Tempelbau mitzuhelfen, ab, und mußten erleben, wie diese so Hilfsbereiten sich bald als verschlagene Feinde entpuppten! Gläubige Männer, so entschieden sie ihre Position auch verteidigen, werden nie fanatisch sein; was nur einen schwerwiegenden Mangel an Liebe offenbaren würde. Aber etwas ganz anderes ist die heute so groß geschriebene Toleranz in religiösen Dingen auch auf Kosten der unaufgebbaren Wahrheit. Es wird aber vielleicht manchen die Behauptung schockieren, daß wir in Zukunft wieder ganz neu mit Verfolgungen auch von religiöser Seite werden rechnen müssen. Auf der ersten Konferenz europäischer Kirchen in Nyborg 1959 ist der Satz gefallen: »Das Ende der Geschichte wird die Vereinigung der ganzen Menschheit, die endgültige Beseitigung der Gewalt sein, selbst wenn wir auf dem Wege zu diesem Endziel wieder wütende Gewalt anwenden müssen . . .«[1]

c) Ökumene, Allianz und interkonfessionelle Kontakte

Das Anliegen Jesu im hohenpriesterlichen Gebet: »auf daß sie alle eins seien« (Joh. 17, 20), das auch die Ökumene als Losung auf ihre Fahne geschrieben hat, darf nicht isoliert, sondern muß in ihrem ganzen biblischen Zusammenhang gesehen werden. Jesus betet nämlich gleich weiter: ». . . gleichwie du, Vater, in mir und ich in dir«, also um die innigste Verbundenheit nach dem Vorbild seines Verhältnisses zum Vater, die eine vollkommene Geisteseinheit war. Bei

1 Zitiert nach Winterhager, »Weltwerdung der Kirche«, Zürich/Frankfurt.

Menschen, die noch nicht den Heiligen Geist empfangen haben, fehlen überhaupt alle Vorausetzungen für diese Einheit.

Und die Gläubigen bilden nun einmal eine kleine Schar. Schon deshalb sind die in der Ökumene erfaßten Massen ein klarer Beweis für die Abweichung von der für uns heute geltenden biblischen Auswahl. In unserer Zeit, deren großes Schlagwort »Vereinigung« lautet, will man nicht an die biblisch geforderte Scheidung erinnert werden (2. Kor. 6, 14–18; 2. Tim. 3, 5; Offb. 2, 2). Sie ist heute fast so etwas wie ein Tabu.

Wie eine Seuche greift das Bestreben um sich, die Einheit um jeden Preis – zur Not noch um den von Kompromissen – zu erkaufen. Aber vergessen wir nicht, »Treue zu Gott, Halten an der Wahrheit und Bewahrung eines guten Gewissens sind Dinge, die mehr wert sind als alles andere. Dafür haben Menschen den Verlust ihres Eigentums, Gefangenschaft und selbst den Tod auf sich genommen« (A.W.Tozer).

Mehr denn je ist heute *Mut zur kleinen Herde* nötig, notfalls auch die Bereitschaft, seinen Weg allein zu gehen. Diese Bitte Philipp Spittas (1801–1859) sollte unsere Gesinnung kennzeichnen:

> Gib Elias heilge Strenge,
> Wenn den Götzen dieser Zeit
> Die verführte blinde Menge
> Tempel und Altäre weiht;
> Daß wir nie vor ihnen beugen
> Haupt und Knie, auch nicht zum Schein,
> Sondern fest als deine Zeugen
> Dastehn, *wenn auch ganz allein.*

Leider bedeutet auch das in der Basis des Ökumenischen Rates der Kirchen geforderte Bekenntnis zu »Jesus Christus gemäß der Heiligen Schrift als Gott und Heiland« nicht viel, weil jede Gliedkirche darunter verstehen kann, was sie will.

Wie wären sonst solche Stimmen möglich, daß es ein Zeugnis zu Christus außerhalb des Kerygmas (= der Verkündigung) gäbe und auch das Kreuz keine zentrale Heilsbedeutung habe? Man ist der Ansicht, »daß die ersten drei Jahrhunderte der Christen zwar eine Zeit der ungestörten Selbstformung, aber auch ein Zeitalter ohne Veredlung der Welt war. Erst in der Zeit Konstantins fand eine Vermählung von Christusglauben und hellenistischer Weisheit statt, und das Weltziel trat in Erscheinung«[1].

Ist die Ökumene ein Zusammenschluß von nichtkatholischen Kirchen, so soll die Allianz eine Vereinigung von gläubigen Einzelpersonen sein. Das stellt auch der Hauptvorstand der Deutschen Evangelischen Allianz in seiner Erklärung vom Dezember 1971 klar, wonach in ihrem Rahmen »Amtsträger nicht als Vertreter ihrer Kirche oder Gemeinschaft in Erscheinung treten«. Jene Äußerung eines hohen Kirchenführers geht am Entscheidendsten vorbei, daß sich die Ökumene als eine Einheitsbewegung der Kirchenleitungen (also von oben nach unten) und die Allianz (als eine von unten nach oben) auf dem Boden der Gemeinde treffen sollen.

Zahlreiche Ortsallianzen sind leider nicht ein Bruderbund von Gläubigen geblieben, sondern eine Vereinigung aller christlichen Benennungen auf Ortsebene geworden, z. T. sogar ohne Rücksicht auf den Glaubensstand, und das bleibt nicht ohne Konsequenzen. Es liegen richtige Beobachtungen zugrunde, wenn es in einer von der Pilgermission St. Chrischona herausgegebenen Stellungnahme heißt: »Zu unserem Schmerz gibt es aber heute in der Evanglischen Allianz einen starken Flügel, der unter dem Einfluß der modernen Theologie die alte Glaubensbasis der Evangelischen Allianz für sich nicht mehr als bindend anerkennt.«

Im Blick auf die Ökumene stehen nun Gläubige in den verschiedensten Benennungen vor einem gewissensschweren

1 Winterhager, a. a. O.

Dilemma: Obwohl sie persönlich die Ökumene ablehnen, gehören sie aufgrund ihrer Kirchenmitgliedschaft automatisch dazu. Eine Möglichkeit, auch nominell nichts mit der Ökumene zu tun zu haben, gibt es nur über den Austritt. In den für die Zukunft zu erwartenden Auseinandersetzungen über die Kirchenfrage wird dieser Punkt für klar sehende Gläubige noch höchste Aktualität gewinnen.

So wie Rom auch viel von Christus spricht, aber in Wirklichkeit einen »römischen Christus« meint, so geht es auch in der Ökumene ganz offensichtlich um einen anderen als den biblischen Christus. Schon hier wird das Wort Jesu aktuell: »So alsdann jemand zu euch wird sagen: Siehe, hier ist der Christus! oder: da! so sollt ihr's nicht glauben!« (Matth. 24, 23.) In solchen von vornherein ganz klaren Fällen wird sogar das sonst so wichtige biblische Gebot von 1. Johannes 4, 1, alles zu prüfen, außer Kraft gesetzt. Hier ist nur sofortige Scheidung geboten! Die Endzeit wird, worauf der bekannte Theologe und Politiker August Vilmar (1800–1868) schon im vorigen Jahrhundert hinwies, Scheidungen mit sich bringen, die von ganz anderer Art als alle bisherigen Spaltungen sein werden. *Scheidungen sind Wirkungen des Geistes Gottes; während Spaltungen sehr oft durch menschliche Unzulänglichkeiten und Schuld ausgelöst werden.*

Entwicklungen, die auf eine klare biblische Scheidung abzielen, sollen wir gar nicht aufzuhalten versuchen, und wir müssen wissen, daß wir die Entwicklung im Großen auch gar nicht mehr in andere Bahnen lenken können. Selbst durch vorübergehende Erfolge dürfen wir uns hier nicht den Blick trüben lassen. Das gilt für allen Kampf gegen den Modernismus, auch für den der Bekenntnisbewegung. In der Endzeit müssen wir sehr darauf achten, daß wir nicht jene feine Linie übersehen, von der ab Gott gerichtsreif Gewordenes dahingibt. Wir nähern uns mit Riesenschritten jenem Punkt, von dem ab *Gott selbst* dem Bösen freie Bahn geben wird. Von dem Feind Gottes, der letzten Endes nur mithelfen muß, daß

Gottes Plan weitergeführt wird, heißt es in Daniel 11, 36b: »Und gegen den Gott der Götter wird er Ungeheuerliches reden, und es wird ihm gelingen, bis sich der Zorn ausgewirkt hat; *denn es muß geschehen, was beschlossen ist.«* Wer dann noch das Antichristliche überwinden zu können glaubt, begibt sich in die Gefahr, selbst ein Opfer dieses Geistes zu werden (siehe Offb. 13, 10!).

Eine Scheidung mitten durch die Reihen der Gläubigen ist schon deshalb heute nötig, weil die größten Gefahren von irregeleiteten Männern aus der eigenen Mitte drohen. Wir erleben in unseren Tagen in besonderer Weise, was Paulus für die Zeit nach seinem Weggang vorhergesagt hat: »Denn das weiß ich, daß nach meinem Abscheiden werden unter euch kommen greuliche Wölfe, die die Herde nicht verschonen werden. Auch *aus euch selbst* werden aufstehen Männer, die da verkehrte Lehren reden, die Jünger an sich zu ziehen« (Apg. 20, 29. 30). Und auch Johannes weist auf die aus den eigenen Reihen hervorgegangenen Antichristen hin, die er aber deutlich von dem letzen großen am Ende der Tage unterscheidet (1. Joh. 2, 18. 19). *Mit der Möglichkeit, daß ein aus der Gemeinde hervorgegangener oder in ihr wirkender Mann mit der Bibel in der Hand auch ein vorlaufender Antichrist sein könnte, rechnen manche Gläubigen anscheinend überhaupt nicht, so als ob es gar nicht in der Bibel stünde.*

Wir sagen nichts Neues, wenn wir feststellen, daß diese Scheidung zumindest innerlich schon da ist: Wenn man auch noch äußerlich zur gleichen Gemeinde gehört, innerlich ist man oft schon weltenweit auseinander! Die christlichen Kreise vereinigen heute Leute, deren Grundpositionen bereits so verschieden sind, daß auch äußere Scheidungen uns nicht verwundern dürften.

Nötiger denn je braucht die Glaubensgemeinde heute Zeugen, die klare Zeichen aufrichten. Geistliche Diplomaten passen nicht in die endzeitliche Landschaft. Wer sich in die modernen und ökumenischen Strömungen hineinziehen läßt, *kann selbst bei noch so gutem persönlichem Glaubensstand keine klare Wegweisung in den entscheidenden Fragen unserer Zeit mehr geben.* In einem Ort, an den der Verfasser zu einer Bibelwoche gerufen wurde, hatte sich ein Missionstrupp vor eine gemeinsame evangelisch-katholische Evangelisation spannen lassen. Dadurch wurde ein vom Evangelium Angefaßter, aber noch nicht zu einem klaren Heilsstand Durchgebrochener völlig durcheinandergebracht. Unter solchen Voraussetzungen kann eine auch sonst positive Verkündigung mehr schaden als nützen.

Und wahrheitssuchenden Katholiken können wir nur durch eine fest bezogene Position klare Orientierung und wirklichen Halt bieten, und nicht durch eine unverbindliche, ökumenische Haltung.

Mit der Ökumene ist ein ganz neuer Konfliktstoff in die Gemeinde Gottes hineingetragen worden. An diesem Punkt können sich Gläubige oft nicht mehr verstehen, die in früheren Zeiten bei aller Verschiedenheit grundmäßig eines Sinnes geblieben wären. Das wird noch zunehmen, je mehr sich das ökumenische Anliegen vom obersten Gremium immer mehr auf die tiefere, nämlich die lokale Ebene verlagert. Die christliche Masse wird die Gewissensentscheidungen ernster Gläubiger nicht verstehen können, im Gegenteil ihnen Kurzsichtigkeit und Mangel an gutem Willen vorwerfen und sie bekämpfen. Das wird bis in die Familie hineingehen. So werden wir eine für unsere Tage zeitgemäße Interpretation des Wortes Jesu erleben: »Und des Menschen Feinde werden seine eigenen Hausgenossen sein« (Matth. 10, 36).

Wie groß die Begriffsverwirrung unserer Tage ist, beweist die Tatsache, daß Christuszeugen früherer Jahrhunderte, die Gemeinschaft mit anderen Gläubigen suchten, etwa Zinzendorf, einfach als Vorläufer der Ökumene bezeichnet werden. Ihnen ging es aber doch um etwas völlig anderes als um einen Brückenschlag zu nur getauften und nichtwiedergeborenen Christen.

Ebenso falsch wird z. B. heute das Wort Jakob Köbners, eines der baptistischen Väter, verstanden: »Alle Gläubigen in der ganzen Welt sind meine teuren Brüder in Christus, mögen sie Katholiken, Lutheraner oder Reformierte sein; mit diesen wünsche ich eins zu sein auf Erden, weil ich mit ihnen eins sein werde im Himmel.« Diese Haltung ist jedem wahren Jünger Jesu so recht aus dem Herzen gesprochen. Allerdings muß man auch hier erkennen, daß Köbner damit nicht unterschiedslose Kontakte mit allen Gliedern der genannten Kirchen meint, sondern nur Gemeinschaft mit den Gläubigen *aus* ihnen, die auf das himmlische Ziel ausgerichtet sind, wie aus seiner Formulierung klar hervorgeht.

Unabdingbare Voraussetzung, um hier klar zu sehen, ist das biblische Wissen um den Unterschied von Gerettet und Verloren, Gemeinde und Welt, Drinnen und Draußen.

Eine Versuchung besonderer Art ist die Meinung, auch bei verschiedener Auffassung könne man in Glaubensfragen zumindest gemeinsam beten und missionarisch miteinander tätig sein. So erklärte ein gläubiger katholischer Geistlicher anhand eines Kreises, die Verschiedenheiten in der Auffassung des Papsttums, der Kirche und der Sakramente machten gerade die eine Hälfte eines Kreises aus, die andere Hälfte stelle die gemeinsamen missionarischen Möglichkeiten dar. Eine ähnliche Losung stand ja schon bei einer vorlaufenden Bewegung der Ökumene Pate: »Das Dogma trennt, der Dienst verbindet.« Dabei übersieht man völlig, wie sehr gerade die Bibel auf die gemeinsame saubere Glaubensgrundlage als Voraussetzung einer fruchtbringenden Arbeit Wert legt.

Die Verwirrung ist nach dem Weltkongreß für Evangelisation 1974 in Lausanne leider nicht geringer geworden. Eine deutliche Abgrenzung bei klarer Nennung des Namens »Ökumene« wäre das Gebot der Stunde gewesen, ist aber leider unterblieben. Die herausgegebenen Erklärungen beweisen nur, daß man trotz allem Bekenntnis zum ganzen Wort Gottes in der Praxis nicht immer biblisch zu urteilen vermag. So z. B., wenn man die nicht erfolgte Abgrenzung gegenüber der Ökumene mit der Zugehörigkeit gläubiger

Brüder in den verschiedensten Gremien des Weltrates der Kirchen zu begründen versucht. Müßten aber nicht gerade diese Brüder darauf hingewiesen werden, daß sie durch ihr Mitmachen selbst schuldig werden, und zu der biblisch gebotenen Scheidung nach 2. Korinther 6, 11–18 aufgefordert werden? Oder wenn ein Bischof zur Begründung angeführt hat, »daß wir mit allen Menschen gute persönliche Beziehungen haben sollten und daß wir ihnen die christliche Höflichkeit schuldig sind[1].« Hier fehlt einfach, wie bereits ausgeführt, der klare Blick, daß die Liebe, die wir allen, also auch irrenden Gläubigen, schulden, die schon erwähnte Scheidung in Glaubensdingen nicht aus-, sondern im Gegenteil gerade einschließt.

Die Weltkirchenkonferenz in Vancouver 1983 schließlich erfüllt alle Merkmale einer handfesten Falschprophetie: So wurde das utopische Ziel der Verwandlung dieser Welt zum Reich Gottes proklamiert, und zwar durch Einführung eines internationalen demokratischen Sozialismus. Fehlt dem Weltrat der Kirchen bei seiner Ansicht, daß die Bedrohung der Menschheit den Zusammenschluß zu einer Welteinheit zwingend erforderlich mache, gänzlich der Durchblick, Mitvorbereiter des kommenden Weltdiktators werden zu können? Nichts davon hörte man, daß erst die Wiederkunft Jesu das Reich Gottes bringen und vorher die Welt durch die geweissagten apokalyptischen Gerichte gehen werde.

Selbstverständlich vertritt man auch weiter die Unterstützung gewaltanwendender Befreiungsbewegungen.

Der biblische Absolutheitsanspruch von Apostelgeschichte 4, 12: »Es ist in keinem andern Heil, ist auch kein anderer Name den Menschen gegeben« war zugunsten des Dialogs mit den andern Religionen, die man für gleichberechtigt hält, bereits ganz aufgegeben. Diesem Konzept entspricht auch die Auffassung des Moderators des »Weltkirchenrats-Dialogprogramms mit andern Religionen« Prof.

1 Informationsbrief der Bekenntnisbewegung »Kein anderes Evangelium«, Oktober 1974, Lüdenscheid.

Dr. Mulders, daß missionarische Arbeit, die sich bemüht, Menschen zum Glauben an Jesus Christus zu führen, überflüssig sei[1].

Wie auf den deutschen Kirchentagen, so auch hier ein regelrechter »Markt der Möglichkeiten«: Musik, Tanz und Theater fehlten nicht, es kam sogar zur Aufrichtung eines Totempfahles, eines heidnischen Kultsymbols. Eine Inderin führte einen klassischen indischen Tanz auf. »Er sollte – wie es heißt – ein Zeugnis des Lebens darstellen[1].«

Prüfe recht,
Gottes Volk, prüf recht den Geist,
Der dir ruft zu beiden Seiten.
Tue nicht, was er dich heißt;
Laß nur deinen Stern dich leiten!
Beide, das, was gut scheint und was schlecht,
Prüfe recht!

(Johann Eusebius Schmidt, 1670–1745)

3. Im Beruf

Wir müssen uns auf manche unangenehme dirigistische Maßnahme gefaßt machen. Zunehmende Konflikte wird vor allem das Berufsleben mit sich bringen. Allein schon die von uns aufgezeigten Hintergründe der zahlreichen Vereinigungsbemühungen müssen Gläubige, die durch den Beruf in sie hineingezogen werden, in große Nöte bringen. Die Rolle einer letzten Entscheidung, wie seinerzeit sie der Kaiserkult bei den ersten Christen spielte, scheint – wenn nicht alles täuscht – schon jetzt in der vorantichristlichen Zeit immer mehr der Beruf zu übernehmen.

1 »idea-spektrum«, Wetzlar, Nr. 31/83.

War nicht der Beruf ein Mittel in der Hand des Dritten Reiches, sich die Bürger gefügig zu machen und dann an der Kandare zu halten? Sehr richtige Beobachtungen liegen den in der Zeitschrift »Jewish Frontier« 1945 erschienen Ausführungen von Hannah Arendt zum deutschen Familienvater zugrunde: »Es hatte sich herausgestellt, daß er durchaus bereit war, um der Pension, der Lebensversicherung, der gesicherten Existenz von Frau und Kinder willen, Gesinnung, Ehre und menschliche Würde preiszugeben. Es bedurfte nur noch der teuflischen Genialität Hitlers, um zu entdecken, daß er nach dieser Degradierung aufs beste präpariert war, wortwörtlich alles zu tun, wenn man den Einsatz erhöhte und die nackte Existenz der Familie bedrohte. Die einzige Bedingung, die er von sich aus stellte, ist, daß man ihn von der Verantwortung für seine Taten radikal freisprach ... Wenn sein Beruf ihn zwingt, Menschen zu morden, so hält er sich nicht für einen Mörder, gerade weil er nicht aus Neigung, sondern beruflich es getan hat. Aus Leidenschaft würde er nicht einer Fliege etwas zuleide tun[1].«

Die Echtheit der Nachfolge muß sich ganz besonders im Beruf ausweisen, weil hier die Welt raffinierte Möglichkeiten hat und nichts unversucht läßt, die Gläubigen in ihr weithin dämonisiertes System zu integrieren. Wir müssen endgültig Schluß machen mit der Aufspaltung des Lebens in zwei Bereiche: in einen privaten, für den ich mich persönlich Gott gegenüber voll verantwortlich weiß, und einen beruflichen bzw. öffentlichen nach ganz andern, nämlich in der Welt üblichen Grundsätzen. Bei einem Glaubenden soll sich aber das ganze Leben nach der Anweisung des Apostels vollziehen: »Und *alles,* was ihr tut mit Worten oder mit Werken, das tut *alles* in dem Namen des Herrn Jesus und danket Gott, dem Vater, durch ihn« (Kol. 3, 17). Wenn es hier *»alles«* heißt, dann ist nichts ausgenommen: das *ganze* Leben – ob privat oder beruflich – soll wie aus einem Guß sein.

1 Zitiert nach »Zentner, Illustrierte Geschichte des 3. Reiches«, München.

Wer ganz konsequent nach Kolosser 3, 17 zu handeln beginnt, wird sehr schnell merken, daß das schon heute nicht leicht ist. Dietrich Bonhoeffer hat darauf hingewiesen, daß die ersten Christen eine ganze Reihe von Berufen überhaupt nicht ausübten. Zu ihnen zählten z. B. die des Schauspielers, des Lehrers, des Gladiators, des Soldaten, des Gendarms und des Richters. Deshalb sollten wir es als ganz in Ordnung befindlich ansehen, wenn uns berufliche Zuspitzungen in unserer Endzeit vor eine letzte Entscheidung stellen: Christus oder den Beruf! In dieser vorgerückten Endzeitstunde müßte es viel mehr geschehen, daß Nachfolger Jesu die Grenze erkennen, an der es heißt: »Bis hierher und nicht weiter!«, und die Konsequenzen ziehen.

Immer akuter wird die Frage, welche Berufe ein Gläubiger heute noch mit gutem Gewissen ausüben kann. Als Beispiel sei nur im Zusammenhang mit dem Berufsbild des Arztes an das Stichwort »Pille« und die sich aus dem medizinischen Fortschritt ergebenden Fragen erinnert. Oder im Zusammenhang mit dem des Lehrers an die von der göttlichen Schöpfungsordnung abweichenden pädagogischen Grundlagen und an die z. T. geradezu antichristlich beeinflußten Ansichten und Lehrinhalte, die wie z. B. die Sexualaufklärung in mancher dargebotenen Art die Kindesseele zu vergiften vermag.

So werden wir auf allen Gebieten die Folgen der modernen Anschauungen zu spüren bekommen, die zunehmend ihren Niederschlag in der Gesetzgebung finden werden.

Ja, selbst der jahrtausendealte Beruf des Bauern bleibt vom Zeitgeist nicht unberührt: Soll Hühnerhaltung eine der Existenzgrundlagen eines landwirtschaftlichen Betriebes sein, stellt sich die Entscheidung, entweder aus Konkurrenzgründen auf eine sogenannte Hühnerfabrik umzusteigen oder aber auszusteigen. Kollidiert diese Art von Hühnerhaltung nicht mit dem Wort: »Der Gerechte erbarmt sich seines Viehs« (Spr. 12, 10)?

Deshalb ist es für junge Leute bei der Frage der Berufswahl

von wichtiger Bedeutung, solche sich aus der Zeit ergebende und im Blick auf die Zukunft abzeichnende Entwicklungsmöglichkeiten im Auge zu behalten. Auch gilt, es damit nicht zu leicht zu nehmen, daß mancher Gläubige, der heute Karriere macht, sich den Boden künftiger Gewissenskonflikte schafft.

Ganz abgesehen davon, wird die Karriere im Leben der Gläubigen nie den ersten Platz einnehmen können, an erster Stelle steht die sich aus der himmlischen Berufung ergebende Aufgabe und Ausrichtung des ganzen Lebens.

Trachten wir wirklich nach dem Wort Jesu aus Matthäus 6, 33 am ersten nach dem Reich Gottes und seiner Gerechtigkeit? Bei der Beschäftigung mit schwäbischen altpietistischen Orignalen fällt auf, wie mancher Bruder Möglichkeiten zum Vorwärtskommen nur deshalb ablehnte, weil »er an seinem inneren Leben Schaden nehmen und auch zur Pflege der Gemeinschaften keine Zeit mehr haben[1]« könnte. Was ist uns am wichtigsten?

Auch sollten wir beherzigen, worauf Spurgeon in seinem Werk »Die Schatzkammer Davids« hinweist: »Gregor († 390) habe, als er zu seinem Ehrenamt befördert worden, bezeugt, es gehe ihm keine Schriftstelle so zu Herzen und erfülle seinen Geist so mit Zittern als das Wort in Lukas 16, 25 . . . Tag und Nacht töne es ihm in der Seele.« (Luk. 16, 25 steht: »Gedenke, Sohn, daß du dein Gutes empfangen hast in deinem Leben . . .«)

Wir dürfen unser irdisches Leben nicht isoliert, sondern müssen es im Zusammenhang mit der kommenden Welt sehen. Hier bestehen nach der Schrift Beziehungen (1. Kor. 3, 11–15; 2. Kor. 5, 10; Luk. 16, 10; Matth. 25, 31).

Gläubige sollten die Treuesten in ihrem Berufe sein; denn gerade durch ihn, um den es an dieser Stelle geht, sollen sie nach Paulus »die Lehre Gottes, unseres Heilandes, zieren in allen Stücken« (Tit. 2, 10). Wenn sich ein Chef nicht auf

1 Friedrich Baun, »Fünf Bauernbrüder aus dem schwäbischen Volk«, Stuttgart.

seinen christlichen Arbeiter verlassen kann und ein gläubiger Geschäftsmann höchste Preise fordert, ist es mit dem Glauben nicht weit her. Die gläubige Sekretärin wird sich am Telefon nicht dazu hergeben lassen, die Abwesenheit des dabeisitzenden Chefs vorzulügen. Aber nicht nur, was wirkliche Sünde ist, sondern schon alles, was einer Unkorrektheit ähnlich sieht, muß entschieden abgelehnt werden.

Grundsätzlich wird der Glaubende eine positive Einstellung zu seinem Beruf haben, was aber nicht verhindern kann, daß er bei geistlichem Wachstum schließlich auch im schönsten Beruf nur noch leidendlich drinstehen kann. Sein letztes Streben, ja, sein ganzes Sein dient einem höheren Ziel!

4. Im Bereich der Technik[1]

Die Gewissensqualen der Wissenschaftler, die der Natur letzte Geheimnisse zu entreißen suchten, müssen uns aufhorchen lassen. Welche Tragik kommt in nachstehenden Selbstzeugnissen zum Ausdruck:

»Ich hätte die Entdeckungen für mich behalten, wenn mir die Folgen bewußt gewesen wären« (Prof. Dr. Otto Hahn).

»Wir haben die Arbeit des Teufels getan!« (Prof. Oppenheimer.)!

Und Professor Einstein hat bekannt, eine ganz große Entdeckung, die Epoche gemacht hätte, mit ins Grab genommen zu haben, um nicht noch einmal zum Verbrecher an der Menschheit zu werden.

Einzelne sind an ihren Gewissensqualen förmlich zerbrochen. So ging im Februar 1970 folgende Meldung durch die Presse:

»Einer der Mitwirkenden beim Bau der ersten Atombombe, der 74jährige aus der Tschechoslowakei stammende

1 Über *Technik* und *Endzeit* Näheres in Heft 3/4 dieser Reihe »Auf dem Wege zum letzten Weltreich«.

Ingenieur Jaromir Hanohs, wurde in den frühen gestrigen Morgenstunden ... an einem Baum erhängt aufgefunden. Wie die spanische Nachrichtenagentur Cifra mitteilte, hatte Hanohs als Fachmann für Sprengmittel an der Konstruktion der ersten amerikanischen Atombombe mitgearbeitet.

Der Wissenschaftler soll sich in seinen letzten Lebensjahren schwere Gedanken über die Konsequenzen seiner Arbeit gemacht haben, erklärten ihm nahestehende Personen. Er fühlte sich mitschuldig an der atomaren Katastrophe, die die Welt bedroht[1].«

Zunächst stellt sich uns die Frage: Handelt es sich bei der Atomforschung überhaupt noch um die Verwirklichung des göttlichen Auftrages »Machet euch die Erde untertan« oder hat sich der Mensch in Gebiete gewagt, die nach göttlichem Willen seinem Zugriff entzogen bleiben sollten, so daß wir es also mit einer Grenzüberschreitung zu tun haben? Wäre das letztere der Fall, stehen wir sofort vor der nächsten Frage: »Aus welcher Inspiration ist der Mensch dann aber hinter diese Geheimnisse gekommen?« Und mit einer einfachen Handbewegung kann die Vermutung, daß hier satanische Eingebungen mitspielen könnten, nicht abgetan werden. Denn wer sollte an solchen Vernichtungswaffen mehr Interesse haben als »der Mörder von Anfang an« (Joh. 8, 44), der zudem ja nicht irgendwer, sondern nach dem biblischen Zeugnis »der Gott dieser Weltzeit« (2. Kor. 4, 4 nach Menge) ist?

Ich höre schon den Einwand: »Wir müssen doch die sachlichen Ergebnisse naturwissenschaftlicher Forschung deutlich unterscheiden von dem, was der Mensch aus ihnen macht. Sie selbst ist weder gut noch böse!« Kann bei der gegenseitigen Abhängigkeit aller Gebiete des menschlichen Daseins und ihrer gegenseitigen Durchdringung und Verfilzung überhaupt noch so fein säuberlich getrennt werden? Und was wissen wir schon über die letzten Hintergründe?

1 »Pforzheimer Zeitung« vom 12. 2. 1971.

Dem Verfasser waren schon seit längerem Zweifel an der These von der Wertneutralität der Technik gekommen. Es war ihm eine Bestätigung, daß andere Gläubige völlig unabhängig voneinander sich ebenfalls mit dieser Frage auseinandersetzen. Der Chemiker Dr. Sücker führt in seinem Aufsatz »Weltbeherrschung als Auftrag Gottes?« aus: »Seit der Explosion der ersten Atombombe im Sommer 1945 ist die uralte, auch heute noch längst nicht ganz beseitigte Legende zutiefst erschüttert worden, nämlich die Behauptung, daß die Technik wertneutral sei. Mehreren Forschern ist es blitzartig klargeworden, daß sie mit der Zündung der Atombombe unbewußt, ungewollt mitgearbeitet haben an einem der größten Verbrechen der Menschheit. Hier wurden wissenschaftlich-technische Möglichkeiten zu einer das Leben bedrohenden Wirklichkeit. Daher gebietet uns die Ethik, die Lehre von der Sittlichkeit des Menschen, hier ein energisches Halt! *Man darf heute nicht mehr tun, was man technisch tun kann*[1]*.«*

Im Blick auf den Sündenfall gibt der gleiche Verfasser zu bedenken: »Nachdem die ersten Menschen dem Worte Gottes nicht gehorcht, sondern den verlockenden Empfehlungen der Schlange ihr Ohr geöffnet und gesündigt hatten – nach dem Sündenfall also –, wurde dieser Kulturbefehl Gottes[2] nicht wiederholt. Für die von Gott abgefallenen Menschen gilt auch heute der Satz in 1. Mose 9, 2: ›Furcht und Schrecken vor euch sei über alle Tiere auf Erden und über alle Vögel unter dem Himmel, über alles, was auf dem Erdboden kriecht und über alle Fische im Meer. In eure Hände seien sie gegeben[3].‹«

Ohne den Sündenfall wäre die technische Entwicklung völlig anders verlaufen, jedenfalls so, daß die Schöpfung als ein Paradies nicht angetastet worden wäre. Die Kehrseite des heutigen technischen Fortschritts, das Umweltproblem,

1 »Das Fundament«, Korntal, Oktober/November 1970.
2 Der Kulturbefehl, sich die Erde untertan zu machen (1. Mose 1, 28).
3 »Das Fundament«, a. a. O.

konfrontiert uns alle mit den Folgen der menschlichen Fehlentwicklung. Wir wissen, daß ohne eine neue Auffassung von der Technik, die sich nicht in die großen biologischen Zusammenhänge einzuordnen bereit ist, der Zusammenbruch der Natur nicht aufzuhalten ist. Nicht umsonst werden die endzeitlichen Gerichte auch deshalb über die Menschheit kommen, weil sie die Erde verderbt haben[1] (Offb. 11, 18).

Eine Gruppe namhafter Wissenschaftler hat in einem Fall aus Verantwortungsbewußtsein auf weitere Versuche wegen der Möglichkeit gefährlicher Folgen verzichtet[2].

Für gläubige Naturwissenschaftler können sich hier ganz schwerwiegende endzeitliche Gewissensentscheidungen und Konsequenzen ergeben.

Noch furchtbarer als die Möglichkeit, die uns das 20. Jahrhundert gebracht hat, ganze Teile der Menschheit zu vernichten, sind die verderblichen Einflüsse auf die Seele, an denen die Technik nicht unbeteiligt ist.

Ohne den Rundfunk wäre es Hitlers Propagandaminister Goebbels gar nicht möglich gewesen, die Massen so zu bezaubern. In Ekstase gebracht, wußten sie oft gar nicht mehr, was sie gelobten. Goebbels prägte damals den Slogan: »Der Rundfunk formt den Menschen im Geiste Adolf Hitlers.«

Nun sind optische Eindrücke noch viel nachhaltiger als akustische, besonders auf die seelischen Tiefenschichten. Welche Möglichkeiten werden sich erst dem endzeitlichen Propagandaminister bieten, der seine Hauptaufgabe darin sehen wird, die Menschheit zur Anbetung des Antichristen und des Satans zu verführen! Das Fernsehen bietet nun erstmals die Möglichkeit einer perfekten Verführung. Hat erst jedes Haus einen solchen Apparat, werden die Beeinflussungsmöglichkeiten bis zum buchstäblich letzten Bürger praktisch unbegrenzt sein. Nur eine Schau dieser Zusammen-

1 Weiteres im Heft 7/8 dieser Reihe »Wie weit sind wir in der Endzeit?«
2 »Der Gärtner«, 34/1973, Witten (Ruhr).

hänge vermag uns die ganze Bedeutung dieses Mediums aufzuschließen.

Nicht umsonst wird von den Überwindern der antichristlichen Zeit nicht nur der Sieg über den letzten Verführer, das Tier, mit seinem Helfershelfer, sondern ausdrücklich auch über dessen Bild herausgestellt. Es hat schon etwas zu bedeuten, wenn Gott unmittelbar vor den letzten Gerichten die Menschen warnen lassen wird: »So jemand das Tier anbetet *und sein Bild* und nimmt das Malzeichen an seine Stirn oder an seine Hand, der wird von dem Wein des Zornes Gottes trinken . . .« (Offb. 14, 9. 10).

Schon heute wird die Technik auf vielen Gebieten zur Manipulation des Menschen angewandt. So berichtete die Zeitschrift »Der Spiegel« (Nr. 10/1972) über den Nixon-Besuch in China im Februar 1972: »Fernsehen war in diesem Fall mehr als unvermeidliche Berichterstattung über einen politischen Vorgang – es war, dramatischer denn je vorher, selber ein Faktor in der politischen Rechnung. Es hat nicht nur, ein publizistisches Medium unter anderen, von der chinesisch-amerikanischen Annäherung Nachricht zu geben – es war ein Instrument der mit dieser Annäherung verfolgten Politik selbst.«

Man braucht sich bei einer Reportage nur auf einige am Rande liegende, ins eigene politische Konzept passende Augenblicksszenen, die gar nicht für das Gesamtbild symptomatisch sind, zu beschränken und alles andere zu übergehen – und schon hat man ein falsches Bild. Die tiefgreifenden Auswirkungen von Kabelanschluß mit Bildschirmtext (Btx) müssen noch erst abgewartet werden.

Welche Perspektiven werden sich aus der Technik noch für die Zukunft ergeben!

In dieser Hinsicht sehen oft einsichtige Weltmenschen klarer als harmlose Gläubige, die ungerüstet in unserm Endzeitkampf stehen. So meint der kanadische Kommunikationswissenschaftler McLuhan, das Fernsehen »zerstöre unser gesamtes politisches, erzieherisches, gesellschaftliches und institutionelles Leben. Das Fernsehen werde die ganze Gesellschaftsstruktur in kurzer Zeit auflösen. Verstünde man seine Dynamik, würde man sich entscheiden, es so schnell wie möglich zu eleminieren (auszustoßen). Das Fernsehen ändere das Leben und die Psyche (Seele)[1].«

Welch eine Gebundenheit an dieses Massenmedium kommt zum Ausdruck, wenn Teilnahme an gottesdienstlichen Veranstaltungen und Ansetzen der Uhrzeit für Bibelstunden vom Fernsehprogramm abhängt!

Können wir uns wie alle andern einem Geist aussetzen, der die Menschheit für die letzte Verführung reif zu machen mithilft? Dann allerdings dürfen wir uns auch nicht wundern, daß wir nicht mehr Durchblick als durchschnittliche Weltmenschen haben und vom Weltgeist geprägt werden. Das müssen wir erkennen: »Jede Inspiration zieht uns in ihren Mittelpunkt: Lassen wir uns von Lichteinflüssen leiten, so werden wir in die leuchtende Mitte gezogen, dürfen Finsternismächte uns bestimmen, so führt unser Weg in die Finsternis« (Jakob Kroeker). Nur gilt es, aus solchen Worten ganz praktische, unsern Lebensalltag bestimmende Konsequenzen zu ziehen!

Gläubige dürfen nun einmal das gottwidrige Wesen dieser Welt »nicht lieb haben und da nicht Freundschaft pflegen, wo man dem Fleisch und der Eitelkeit dient (Jak. 4, 4; Röm. 12, 2).« (Jubiläumsbibel zu 1. Joh. 2, 15–17.) Wer will in Abrede stellen, daß das ganz besonders auf das Fernsehen zutrifft?

Müssen wir erst durch Erfahrungen, wie sie Philipp Friedrich Hiller (1699–1769) in einem Lied treffend zum Ausdruck gebracht hat, zurechtgebracht werden:

In den Zerstreuungsstunden,
Die nach der Weltart sind,
Holt man oft tiefe Wunden
Und wird am Geiste blind;

1 G. E. Stearn, »McLuhan, Für und Wider«, Düsseldorf/Wien.

Man fühlt erst in der Stille
Und durch des Geistes Zucht,
Daß da des Fleisches Wille
Die Weide nur gesucht.

Wie mancher hat das z. B. nach einer Fernsehsendung buchstäblich so empfunden! Wie nötig haben wir deshalb die Bitte um die rechte Ausrichtung unseres Lebens in jedem Augenblick:

Da sag mir von dem Himmel,
Wie's dort so herrlich klingt
Und wie das Lustgetümmel
Der Welt nur Jammer bringt;
So halten mich die Blicke
Nach jener Herrlichkeit
Von alle dem zurücke,
Was hier den Weltsinn freut.

5. Die moderne Musik

Die in der indonesischen Erweckungsbewegung Gläubiggewordenen verbrannten »die Schlager, ... die sie noch in Wort und Bild bei sich hatten[1].« Nun müssen wir heute die gegenteilige Erscheinung feststellen: Man übernimmt weltliche Musik für geistliche Lieder! Weshalb soll denn auch die Jugend nicht Gott mit zeitgemäßen Melodien preisen? So weit, so gut!

Stutzig wurde jedoch der Verfasser, als er mehrere Male auf die Vermutung oder gar Behauptung stieß, daß Jazz, Beat, Negro-Spirituals und andere Moderichtungen der Musik ihre Wurzel im dunkelsten Heidentum hätten. Gerade bei der

1 Riecker, »Ruf aus Indonesien«, Stuttgart-Neuhausen.

Abfassung dieser Arbeit las er den Satz: »Der Einfluß des Spiritismus auf unsere Schlager, den Modeschmuck und die Mode selbst ist offensichtlich[1].« Und ein Musikkenner schreibt: »Der Jazz ist eine Bewegungsmusik, die auf Erregung, Besessenheit und Ekstase gerichtet ist[2].« Haben wir ein Recht anzunehmen, daß in Kirchen, Kapellen und Gemeinschaftshäusern diese Musik etwas anderes zu bewirken vermag als die gleichen Erscheinungen, nur mit einem christlichen Vorzeichen, also fromme Erregung, fremdgeistige Besessenheit und religiöse Ekstase?

Weiter ist es eine unbestreitbare Tatsache, daß der menschliche Organismus schon rein von seiner natürlichen Anlage her gar nicht für akustische Lautstärken, wie sie manche »bands« produzieren, geschaffen ist. Die krankmachenden Folgen des Lärms sind ja inzwischen hinreichend bekannt. Wie wollen wir solche lärmende Musik mit Philipper 4, 8 in Einklang bringen: »Was wahrhaftig ist, was ehrbar, was gerecht, was rein, was lieblich, was wohllautet, ist etwa eine Tugend, ist etwa ein Lob, dem denket nach!«? Diese Aufzählung ist ja gerade das Gegenteil von allem Lauten und Aufdringlichen.

Auf jeden Fall muß festgehalten werden, daß die Musik nie das Wort ersetzen kann[3]. Das gilt selbst von den Tonschöpfungen Bachs. Alles Musikalische darf im Gottesdienst nur einen begleitenden Charakter haben. Es müßte uns nach-

1 Lindsay/Carlson. »Alter Planet Erde – wohin?«, Wetzlar.
Aus einem Leserbrief: »Ich weiß von Studien auf Haiti, daß bestimmte Dämonen auch einen ganz bestimmten ›Beat‹ haben.« (Sonderausgabe Januar 1974 der Schweizerischen Schallplattenmission Frutigen.)

2 A. M. Dauer, »Jazz, die magische Musik«, Bremen.

3 Der Glaube kommt aus der Predigt, aus dem Hören des Wortes (Röm. 10, 17). Gläubige sind »wiedergeboren nicht aus vergänglichem, sondern aus unvergänglichem Samen, nämlich aus dem lebendigen Wort Gottes, das da ewiglich bleibt« (1. Petr. 1, 23). Und jetzt kommt es darauf an, daß wir in der Vielzahl der Stimmen die des guten Hirten heraushören (Joh. 10, 27).
In dem bekannten Werk »Die Religion in Geschichte und Gegenwart« (Tübingen) können wir unter dem Stichwort »Musik« lesen: »Die höchsten Lobpreisungen der Musik bei Luther und anderen rechtfertigen nicht die Meinung, als reiche die Macht der Tonkunst hinein in den Bezirk der Erlösung, der Heiligung, der Vergebung der Sünden. Die Musik kann dem Amt der Verkündigung dienstbar sein . . . Aber Aussage im Kunstwerk (auch im wortvertonenden) ist nicht Verkündigung von Leben und Tod. Musik überschreitet den Bereich der Schöpfung nicht, es sei denn, man mache aus ihr eine Religion. Ein Verkündigungsamt, einen sog. Verkündigungscharakter hat die Musik als solche nicht.«

denklich stimmen, wenn Befragte eines christlichen Beatkonzertes klar sagen, daß die Rhythmen auf sie eine ungleich größere Wirkung als das gehörte Wort gehabt hätten und auch mehr und nachhaltiger nachwirkten.

Das leuchtet auch sofort ein; denn jede Musik spricht den ganzen Menschen an: der Text den Geist, die Melodie die Seele und der Rhythmus den Körper. Bei der Musik – auch beim schlichtesten Lied – hat nun einmal das Seelische im Verhältnis zum Geistlichen das Übergewicht. Es kann gar nicht anders sein, als daß durch hart-rhythmische Musik der körperliche Bereich am stärksten angesprochen wird. Sie entspricht ganz den sexbetonten Tendenzen unserer Zeit. Deshalb ist sie auch so beliebt.

Das hatten wir im Auge, wenn wir uns eingangs von der Übernahme weltlicher Musik für geistliche Lieder distanzierten. Damit wollen wir aber diese Möglichkeit nicht grundsätzlich ausschließen. Es gibt nämlich gute weltliche Weisen, die sich durchaus für geistliche Texte verwenden lassen. Bekanntlich singen wir das Lied »O Welt, ich muß dich lassen« nach der Melodie des Volksliedes »Innsbruck, ich muß dich lassen«. Weiter geht z. B. die Weise von »Jesu, meine Freude« auf ein altes Liebeslied zurück. Der bekannte Evangeliumssänger Ernst Gebhardt († 1899) verwandte in der damaligen Erweckungszeit die zwar nicht ganz unumstrittenen, im Volk aber weit verbreiteten Melodien. Das alles aber kann nicht auf eine Linie gestellt werden z. B. mit der heutigen Popmusik[1] mit Elektrogitarren und Schlagzeug.

Hellhörig sollten uns Bekenntnisse vom Rauschgift frei Gewordener machen, daß sie durch manche neue Musik an ihre früheren Zustände erinnert werden.

Die Erkenntnis, daß Musik seelische Rauschzustände erzeugen kann, ist nicht neu. Nur haben wir sie zu wenig ernst genommen. Denken wir an das durchdringende Kriegsgeschrei der Indianer und die lauten Kriegstänze der Neger!

1 »Die Bezeichnungen Rock-, Beat- und Popmusik werden dabei häufig synonym gebraucht« (Brockhaus Enzyklopädie, Band 14, 1972), (synonym = bedeutungsähnlich, bedeutungsgleich).

Hier wären auch die Trommeln, Trompeten und Fanfaren vor der Schlacht zu nennen. Damit wurde nicht nur der Zweck verfolgt, den Gegner zu lähmen, sondern durch Hineinsteigern in einen andern Zustand – in einen Rauschzustand – sich selbst Mut zuzusprechen.

Die Ekstase – völliges Gegenteil von der dem Christen in 1. Petrus 5, 8 gebotenen Nüchternheit – ist ein beliebtes Einfallstor für alle möglichen unkontrollierbaren Einflüsse bis hin zum Okkulten.

Und weiter: Geistliche Segnungen setzen eine stille Atmosphäre voraus; denn »nur an einer stillen Stelle legt Gott seinen Anker an« (Rudolf Kögel). Deshalb ruft uns die Bibel immer wieder zu dieser Stille auf:

»Aber der Herr ist in seinem heiligen Tempel. Es sei vor ihm still alle Welt« (Hab. 2, 20).
»Alles Fleisch sei still vor dem Herrn; denn er hat sich aufgemacht aus seiner heiligen Stätte« (Sach. 2, 17).
». . . ringet danach, daß ihr stille seid« (1. Thess. 4, 11).

Versuchen wir selbst, die Frage zu beantworten, ob wir es uns denn vorstellen können, ob eine Darbietung christlicher hart-rhythmischer Musik mit der bekannten Strophe Gerhard Tersteegens begonnen werden könnte:

Gott ist gegenwärtig.
Lasset uns anbeten
Und in Ehrfurcht
Vor ihn treten.
Gott ist in der Mitte.
Alles in uns schweige
Und sich innigst vor ihm beuge.

In unseren Tagen können wir einen modernen Zug feststellen, auf die Jugend in einer nicht evangeliumsgemäßen Weise Rücksicht zu nehmen. Das führt dazu, auch Allerweltsmethoden nicht den Eingang in gläubige Kreise zu verwehren. Weil man meint, nur dann eine Zukunft zu haben, wenn man die Jugend hat, ist man zu vielen Zugeständnissen bereit. Aber es ist umgekehrt: Nur mit Jesus haben wir die Zukunft, und nur die aus dem Geist der göttlichen Liebe entspringende Rücksicht zusammen mit biblischer Zucht bedeutet für die Jugend eine echte Hilfe.

Auf keinen Fall dürfen wir übersehen, daß das, was die Jugend will, nicht immer schon das Richtige ist. Grundsätzlich muß festgehalten werden, daß Geschmack und Empfinden des natürlichen Menschen verdorben sind, heute mehr denn je durch die Einflüsse der gegenwärtigen Umwelt, die sich in einer ständig zunehmenden Dämonisierung befindet. Deshalb können wir überhaupt gar nicht erwarten, daß ein Jungbekehrter gleich weiß, was sich gehört, er muß es erst nach und nach lernen. Auch können die Nachwirkungen des bisherigen Lebens fern von Gott erst im Laufe der Zeit überwunden werden, bis auch Geschmack und Empfinden gesunden. Dieser Prozeß aber wird unterbunden, wenn man in den gleichen Melodien etc. weitermacht und damit praktisch unter dem gleichen Geist bleibt. Mit eine Folge davon ist das heute so verbreitete Mischwesen: Man ist zwar gläubig, aber doch nicht biblisch klar. Man legt Zeugnis ab, von ernster Heiligung ist nicht viel zu spüren.

Kein Wunder, daß durch Evangelisationen, »die Gottes Wort mit Medien (Beat, Bild und dergleichen) nachhelfen, Bastarde gezeugt« werden, in Bekehrungsberichten zwar von »Gefühl« und »Visionen«, aber kaum von Buße und Sünde die Rede ist. Man hat den starken Eindruck, daß es sich gar nicht um eine Konfrontation mit der Heiligkeit Gottes handelt, sondern man es einmal mit Jesus probieren will.

Es sollte uns nicht wundern, nein, wir müssen sogar mit der Möglichkeit rechnen, daß auf diese Weise gläubig Gewordene einmal die größten Feinde der wahren Nachfolger Jesu sein werden, die zu keinem Kompromiß mit dem Zeitgeist bereit sein können.

Popchristen haben unter Umgehung des Kreuzes in perfekter Weise einen Weg gefunden, um »ein Anrecht auf alle weltlichen Freuden mit zusätzlich einer Garantie für ewiges Leben« zu verbinden, »so daß persönlicher Frieden und Bequemlichkeit für immer gesichert sind« (WEC Youth, Bulstrode, England, zitiert nach »Bibel und Gemeinde, 2/1983, Waldbronn). Welch ein Unterschied bestand doch zwischen der begleitenden Rolle der Musik in Israel und der mit ihren Lautstärken auf orgiastische Berauschung abzielenden bei den Mysterienkulten der Nachbarvölker!

In der Popszene paßt dagegen alles gut zusammen: »Geschminkt, in hautengen Hosen, trotz zur Schau getragener Bescheidenheit starhaft wirkend ... «. Kein Unterschied zur Welt, wie in Römer 12, 2 gefordert!

Nicht ernst genug genommen wird die in 1. Korinther 3, 11–15 bezeugte Möglichkeit, daß man auf dem wahren Grund »Christus« falsch bauen kann. Es sollte selbstverständlich sein, daß der äußere Rahmen der christlichen Zusammenkünfte dem Geist des Evangeliums entspricht. »Es gibt eine Form von ›Häresie und Schwärmerei‹, die nicht unbedingt im Bereich der falschen Lehre liegen muß. Sie kommt aus den angewendeten Methoden. Die Theologie mag in Ordnung und die glaubensmäßige Bibeltreue durchaus lobenswert sein. Der schwärmerische Zug der Sache liegt anderswo, etwa in der, meist mit Ausländerei verbundenen Weise des Auftretens und der Verkündigung« (Fritz Hubmer).

6. Massenbeeinflussung

Auf die Gefahren der Beeinflussung durch Massenmedien ist schon an anderer Stelle hingewiesen worden. Hier soll ein Wort zu dem heutigen Trend gesagt werden, selbst auf christlichem Gebiet vieles groß aufzuziehen.

Einige gewonnene Erkenntnisse dürfen wir auch bei christlichen Massenveranstaltungen nie aus den Augen verlieren. »Die Voraussetzungen für die Persönlichkeitsentfaltung und Stabilisierung, wie sie in wohldefinierten Rollenerwartungen mit individueller Verantwortungszuschreibung gegeben sind, entfallen in der Masse; die von jeder Person in der Masse empfundene seelische Gleichrichtung der andern führt zum Abbau der Hemmungen und zu emotionalen Verhaltensweisen. Das Verhalten ist jedoch keineswegs immer das einer entfesselten egoistischen Triebhaftigkeit; es können auch Entsagung, Ergebenheit, Uneigennützigkeit, Selbstopferung hervortreten, die aber nicht aus moralischer Verantwortlichkeit, sondern unter der Wirkung einer unbewußten Nachahmung entstehen[1].« *Diese »unbewußte Nachahmung« ist gerade auch in religiösen Großveranstaltungen eine große Gefahr:* Man will sich – von sich selbst aus – bekehren, ohne zu fragen, ob Gottes Stunde hierfür schon gekommen sei! Welch ein Gefahrenabgrund tut sich hier auf; denn bei biblisch gesunden Anstößen fallen die tiefsten Entscheidungen zwischen Gott und Mensch im Verborgenen, handelt es sich doch um höchstpersönlichste Beziehungen, *wobei Gott der Wirkende ist* (Joh. 6. 44. 65. 29; Eph. 2, 10)!

Ob nicht das Massenerlebnis neben dem nicht stark genug entwickelten Unterscheidungsvermögen die Erklärung für so manchen plötzlichen Meinungsumschwung ist, wenn es z. B. in einem Bericht über den Kirchentag in Düsseldorf 1973 heißt: »Totz einiger sehr deutlich unbiblischer Sätze schwenkten viele gläubige Zuhörer auf seine (H. Zahrnts) Seite. Sie waren gekommen, um sich selber von dem Urteil der Bekenntnisbewegung zu überzeugen. Sie haben sich nicht überzeugt, sondern sie wurden überzeugt[2].« Und an anderer Stelle heißt es: »Ein älterer Theologe neben mir, der seinen Reden nach bibelfest und gläubig war, meinte resigniert, jetzt unter dem Einfluß der Referate und Bibelarbeiten gar nichts

1 Brockhaus Enzyklopädie, Wiesbaden, Band 12, Stichwort »Masse«.
2 Burghard Affeld in »Licht und Leben«, 9/1973, Gladbeck.

mehr über Theologie und Glaube sagen zu können. Er sei plötzlich total verunsichert. Eine Diakonisse schwärmte geradezu von den neuen Erkenntnissen, die ihr Gott durch Zahrnt und Moltmann mitgeteilt habe . . . [1]«

Nachstehende Beobachtungen können zu einem richtigen Blick mithelfen: »Le Bon stellt in seinem Buch ›Psychologie der Massen‹ fest, daß bei zufälligen oder beabsichtigten Vereinigungen von einzelnen Menschen unter äußerem Einfluß – etwa durch eine zündende Rede, durch Teilnahme an einem Demonstrationszug, durch ein Platzkonzert mit patriotischer Militärmusik (heute kennt man die Beispiele etwa Elvis Presleys oder der Beatles!) – übereinstimmende Gefühle und Gedanken entstehen, durch die sich eine neue ›Gemeinschaftsseele‹ bildet. Die Fähigkeit nüchterner Gedankentätigkeit läßt nach, die kritische Fähigkeit, Wahrheit und Irrtum zu unterscheiden, verringert sich und geht schließlich ganz verloren. Die Gefühle der Massen, sagt Le Bon in seinem Buch, seien einseitig und zugleich überschwenglich; sie können leicht zu einer Art religiösen Fanatismus werden[2].« Sind die hier genannten Gefahren nicht gerade in christlichen Massenversammlungen auch schon aufgetreten?

7. Die Frauenfrage[3]

Weithin hat man auch in gläubigen Kreisen die Frauenfrage in ihrer ganzen Bedeutung nicht erkannt. Von welch einem prophetischen Durchblick zeugt diese vor mehr als einem halben Jahrhundert niedergeschriebene Schau der Zusammenhänge: »Die Frauenfrage ist eine der großen Anfangsfragen der Menschheit, eine der Grundfragen des Zeitlichkeitsverlaufes und eine der entscheidenden Endzeitfragen, an

1 Affeld, a. a. O.
2 Zentner, a. a. O.
3 Ausführlicher behandelt in Heft 12 dieser Reihe »Die emanzipierte Frau als Frage an den Mann«.

denen sich die Geschichte der Menschheit vollendet. Gleichwie das Hervortreten des jüdischen Volkes für alle an der Bibel orientierten Gläubigen ein Hauptzeichen des anbrechenden Endes dieser gegenwärtigen Weltzeit ist, so auch das Hervortreten und Heraustreten der Frau[1].«

Bei der Frauenfrage handelt es sich nicht um eine Nebensächlichkeit und bloße Äußerlichkeit, sondern um einen Punkt von höchstem endzeitlichen Stellenwert.

An konkreten Fragen werden in der Bibel nicht allzu viele geregelt. Tut sie es aber einmal, dann sind diese Anweisungen für uns verbindlich. Das ist bei der Frauenfrage nun der Fall. Wir zitieren zunächst die christliche Haustafel in Epheser 5, 22–25: »Die Frauen seien untertan ihren Männern als dem Herrn. Denn der Mann ist des Weibes Haupt, gleichwie Christus ist das Haupt der Gemeinde, die er als seinen Leib erlöst hat. Aber wie nun die Gemeinde Christus ist untertan, so seien es auch die Frauen ihren Männern in allen Dingen. Ihr Männer, liebet eure Frauen, gleichwie auch Christus geliebt hat die Gemeinde und sich selbst für sie gegeben . . . «

Also nicht Gleichberechtigung, sondern Unterordnung der Frau unter den Mann. Dieser Unterordnung entspricht aber nicht die Überordnung des Mannes über die Frau. Der eben zitierten Haustafel steht nämlich voran: ». . . und seid untereinander untertan in der Furcht Gottes«, und das gilt für beide, sowohl den Mann als auch die Frau.

»Die Bibel verlangt dieses Törichte, dieses Unlogische. Nach Gottes Absicht und Willen hat innerhalb der zwischenmenschlichen Beziehungen kein Mensch das Recht, Gewalt über den andern zu beanspruchen[2].«

Mann und Frau, die zwar gleichwertig, aber nicht gleichar-

1 Theodor Böhmerle, »Die Frauenfrage im Lichte der Bibel«, Reutlingen.

2 Asch von Wijck, »Zweisam ist der Mensch«, München. Zitiert nach Anna Lawton, »Frauen dienen Christus«, Bad Liebenzell.
In diesem Zitat wird dann weiter diese Ordnung an Hand von Matthäus 20, 25–28; 23, 8–10; Johannes 13, 12–17 als ein für alle Beziehungen der Gläubigen untereinander verbindlicher Grundsatz herausgestellt. Wie wenig entspricht dem aber die Wirklichkeit in gläubigen Kreisen!

tig sind, können ihre gottgewollte Bestimmung nur in göttlich vorgezeichnetem Rahmen finden. Das setzt voraus, daß der Mann wirklich Mann und die Frau wirklich Frau ist. Müssen wir aber nicht beobachten, wie die Frauen immer mehr vermännlichen und umgekehrt? Es sei nur an die Wortschöpfung »Mannweib« erinnert. Nun dürfen wir aber nie aus den Augen verlieren, daß die heutige Umkehrung der gottgeordneten Verhältnisse wie aller *Zeitgeist überhaupt* auf die Inspirationen Satans zurückgeht. Hier wird die Auflehnung gegen Gott – ob bewußt oder unbewußt – so recht offenbar.

Muß die einer Gepflogenheit dieser Welt angepaßte Redeform »Liebe Schwestern und Brüder« in gläubigen Gemeinden nicht als Abfallserscheinung gedeutet werden?

Daß Frauen ins kirchliche Lehramt berufen werden können, beweist den Tiefstand der heutigen Kirche, die sich mehr vom Zeitgeist als vom Worte Gottes bestimmen läßt. Nach dem Pauluswort in 1. Timotheus 2, 12 ist der Sachverhalt jedenfalls klar: »Einer Frau gestatte ich nicht, daß sie lehre, auch nicht, daß sie sich über den Mann erhebe, sondern sie sei stille.« – »Dieses viel angeführte und umstrittene Wort . . . kann wohl kaum ausgelegt werden als ein *Ausspruch, den Paulus tat als Kind seiner Zeit*[1].«

Zu den Stellen Epheser 5, 22; 1. Timotheus 2, 12 und 1. Korinther 14, 34. 35 schreibt F. Bettex: »Diese seine Auffassung und Befehle begründet Paulus nicht durch Hinweis auf die damaligen Zustände oder auf römische, griechische und jüdische Sitten, sondern darauf, daß das Weib nicht zuerst, sondern *nach* dem Mann, daß nicht der Mann um des Weibes willen, sondern das Weib um des Mannes willen geschaffen wurde, und endlich, daß ›nicht Adam, sondern das Weib verführt ward und hat die Übertretung eingeführt‹. – Ist das heute weniger wahr als damals?«

Berücksichtigt man noch die offenbare Tatsache, daß die

1 Hedwig Heitmüller in »Der Gärtner«, Nr. 34/1970, Witten.

Menschheitsentwicklung nicht eine auf-, sondern im Gegenteil eine absteigende Tendenz aufweist, wird uns vollends die Lust vergehen, die Ergebnisse der Menschheits- und Kulturentwicklung über die biblischen Ordnungen zu stellen.

Ganz erschütternd ist aber, wenn selbst aus der Erweckung hervorgegangene Kreise zumindest die Möglichkeit diskutieren, Predigerinnen anzustellen. Merkt man denn gar nicht, welch tiefen Fall es bedeuten würde, gegen Gottes klares Wort vom Satan inspirierte Entwicklungen der Welt zu übernehmen?

Gegen diese Ordnung darf man nicht alttestamentliche Gestalten wie Debora oder Hulda ins Feld führen, weil die neutestamentliche Gemeinde in vielem eine ganz andere, ihre eigene Struktur aufweist, ganz abgesehen davon, daß diese Berufungen nur Ausnahmen von der auch damals gültigen Regel sind, daß auch in Israel dem Mann die führende Rolle zufiel. Fehl am Platz ist in diesem Zusammenhang der Hinweis auf Joel 3, daß Gott ja »seinen Geist sowohl über Jünglinge als auch über Jungfrauen« ausgießen wolle. Hier geht es doch nicht um das Lehramt; denn die Gaben des Weissagens und der Gesichte bedeuten keine spezifische Ausrüstung für die Wortverkündigung. Ganz abgesehen davon, handelt es sich hier um eine Verheißung für das Volk Israel innerhalb der letzten Endzeitphase (1, 2; 2, 18). Von den *danach* aus den Völkern Herzugerufenen ist in Kapitel 3 nur ganz am Rande und andeutungsweise am Schluß die Rede. Eine exakte exegetische Erfassung von Joel 3 ist ohne den ganzen Umtext gar nicht möglich.

Schon die Eingangsworte dieses Kapitels sagen uns klar, wann diese Geistesausgießung zu erwarten sei. Das Buch Joel zerfällt nämlich in drei Hauptteile:

1. Israel im Gericht des Tages des Herrn (1, 4 – 2, 11)
2. Israels Buße, Errettung und Geistestaufe (2, 12 – 3, 5)
3. Das Gericht über die Völkerwelt (4, 1–16).

Das dritte Kapitel steht also in dem Teil, der von der Erneuerung Israels in der Endzeit handelt. Ihr wird die Gerichtsepoche des Tages des Herrn vorangehen, deren Ereignisse wir auch im Zeugnis der anderen Propheten finden (Jes. 2, 12–22; 13, 9–13; Amos 5, 18–20; Zeph. 1, 14. 18; 2. 1. 2), vor allem aber in der Offenbarung. Schon rein äußerlich kommt das durch die auffallende Übereinstimmung von Joel 2, 11 b und Offenbarung 6, 17 zum Ausdruck. Die einleitenden Worte von Joel 3: »Und nach diesem ... « besagen, *daß die hier geweissagte Geistesausgießung erst nach den Endzeitgerichten erwartet werden kann*[1].

Ist aber nicht das in Apostelgeschichte 2 berichtete Pfingstgeschehen der beste Beweis, daß Joel 3 doch die Gemeinde betrifft? Sehen wir uns Apostelgeschichte 2 einmal ganz unvoreingenommen an, so können wir nicht an der Tatsache vorbei, daß sich hier alles in ganz israelitischem Rahmen vollzog. Das trifft auf den Ort (Jerusalem), auf den Zeitpunkt (das israelitische Pfingstfest) und die Zusammengekommenen (Juden und Judengenossen) zu. Bei letzteren handelt es sich um zum Judentum übergetretene Heiden. Der Pfingsten ausgegossene Geist wird nach Vollendung der Gemeinde Gottes sich wieder Israel zuwenden. Das wird die Vollerfüllung von Joel 3 sein, während Pfingsten nur eine Teilerfüllung gebracht hat[2].

Jetzt nach dieser Einschaltung zurück zu unserem Thema. Der Frau bleibt aber trotzdem mehr als nur eine Betätigungsmöglichkeit in der Gemeinde: So hat die Brüdergemeine die Frauen der Missionare ebenfalls amtlich zum Dienst an Frauen und Mädchen ausgesandt.

Mit dieser Frage hat sich öfter der Gnadauer Verband beschäftigt und war dabei immer wieder zu dem Ergebnis gekommen, daß die Leitung der Gemeinde Aufgabe des

1 Näheres in »Was bald geschehen wird« vom gleichen Verfasser.
2 Wie in der Frauenfrage wird diese Stelle gerade in unseren Tagen oft fälschlicherweise als biblischer Beweis für gegenwärtige Erweckungen und Aufbrüche angeführt.

Mannes sei und daß Frauen nicht in gemischten Versammlungen sprechen sollten.

Die Zerstörung der Familie, deren letzte Auswirkungen die vielen Ehescheidungen sind, ist nur eine Folge des Verlassens der göttlichen Ordnungen.

Wie die Unterordnung der Frau unter den Mann, so lehrt die Bibel auch die der Kinder unter die Eltern (Eph. 6, 1) und der Jüngeren unter die Älteren (1. Petr. 5, 5). Die Bereitschaft zur Unterordnung ist ein Punkt, an dem sich heute ganz besonders die Echtheit des Glaubensstandes entscheidet. Es gibt Jugendliche, die zwar viel für den Herrn wirken, aber nichts von der gebotenen biblischen Unterordnung wissen wollen.

Die antiautoritäre Erziehung zusammen mit dem mangelnden Verantwortungsbewußtsein für das Kind legt den Keim für die späteren Entartungen bis hin zum Verbrechertum. So wird durch alle Erscheinungen auf diesem Gebiet die Zerstörung der kleinsten Zelle der menschlichen Gesellschaft, der Familie, entscheidend der Weg für den Antichristen frei gemacht.

Wir würden aber eine Hauptsache unterschlagen, wenn wir nicht darauf hinweisen, daß die tiefste Ursache der Frauenfrage die »Degeneration der Männer« (Bettex) ist. »Wie schwache und unfähige Regierungen an Revolutionen schuldig sind, so schwache und unfähige Männer daran, wenn nun Frauen zu ihrem eigenen Unheil die Zügel in die Hand nehmen wollen. Neben wahrhaft großen Männern ... kann die Frau ... keine öffentliche Rolle spielen. Um so mehr neben gefühlvollen Utopisten und sentimentalen Idealisten, Philantropen mit großem Herzen und kleinem Kopf, Sektengründern und Sektenführern, mit einem starken Glauben an ... sich selber. Eine Hauptursache des Feminismus (= der Frauenbewegung, d. V.) ist also die Nichterfüllung des göttlichen Naturgesetzes, nach welchem der Mann die Pflicht hat, dem Weib, das ... ihn täglich versorgt, nicht nur das tägliche, leibliche, sondern auch das geistige Brot zu liefern. Wo ein rechter, guter, ernster, charaktervoller Mann und Christ, wie er sein soll, ist, denkt die Frau nicht an Emanzipation, will sich nicht frei machen. – Von was denn?[1]« An anderer Stelle weist derselbe Verfasser nach, daß durch die Emanzipation »die Frau nicht höher gestiegen ist, sondern nur der Mann heruntergekommen« ist. *Die tiefste Ursache der Frauenfrage geht also auf das Schuldkonto des Mannes.* Viele Mißstände in den heutigen Gemeinden und Gemeinschaften rühren daher, daß wir zu wenig wahre Männer haben! Deshalb ist die Verkündigung und der Stil der Zusammenkünfte heute weithin so seelisch-weiblich und so wenig männlich-fest.

8. Der Feminismus[2]

Eben waren wir auf das Wort »Feminismus« gestoßen. Dort war es nur ein anderer Ausdruck für die »Emanzipation der Frau«. In letzter Zeit jedoch ist es außerdem immer mehr zum Begriff für eine neue radikale Ausprägung der Frauenbewegung geworden.

Während es der Emanzipationsbewegung um einen andern Platz der Frau in der Gesellschaft geht, wobei die Frau aber weiter Frau bleibt, hat der Feminismus einen ganz neuen Menschen ins Auge gefaßt; er richtet sich gegen ein Schöpfungswerk Gottes. Es handelt sich also um einen Griff nach der Natur und nicht mehr wie bisher nur um eine Veränderung von Gesellschaft und Kultur. Es ist nicht genug damit, daß nicht mehr Gott und die Bibel die gültigen Normen setzen; hierfür erklärt man allein *die Gesellschaft* für zuständig: *nach ihr* habe sich in Zukunft sogar die Natur zu richten. Diesen ins Auge gefaßten heilen Einheitsmenschen stellt man

1 F. Bettex, »Natur und Gesetz«, Bielefeld und Leipzig.
2 *Feminismus* von lat. *femina* = Frau. *Emanzipation* von lat. *emancipare* = einen Sohn aus der väterlichen Gewalt entlassen.

sich als »androgynes[1]« Wesen vor[2], das die positiven Anlagen beider Geschlechter in sich vereinigen soll. Man geht nämlich davon aus, daß das heutige Mann- und Frausein nicht von Natur vorgegeben, sondern das Ergebnis der männlich bestimmten Gesellschaft mit ihren – und hier vor allem den die Frau – unterdrückenden Strukturen ist[3]. Eine Ausschaltung aller dieser sich angeblich negativ auswirkender Faktoren würde die rückläufige Entwicklung zum Urmenschen, dem erstrebten vollkommenen Einheitsmenschen, einleiten, wobei dann abschließend noch medizinisch nachgeholfen werden müßte. Der Feminismus ist davon überzeugt, daß die volle Freiheit für die Frau erst mit einer neuen Selbstverwirklichung erreicht wird, die die propagierte Befreiung von der Geschlechtlichkeit (z. B. Menstruation, Kindergebären) zur Voraussetzung hat.

Auf theologisch-kirchlichem Gebiet hat der Feminismus einen entsprechenden Ausdruck in der *feministischen Theologie* gefunden. Kein wirklicher Schriftkenner wird »in biblischen Gottesaussagen weiblich-mütterliche Wesenszüge« bestreiten.[4] Als Beispiel sei nur die göttliche Zusage in Jesaja 66, 13 erwähnt, »zu trösten, wie einen seine Mutter tröstet«. Aber nur, wo man solche Stellen einseitig hervorhebt und die vielen anderen unberücksichtigt läßt, kann man zu einer Revolutionierung der vom Mann bestimmten Auffassung von Gott und Bibel aufrufen. Hierzu fühlt man sich aber noch dazu aufgrund der Meinung berechtigt, daß die Anbetung des biblischen Gottes Jahwe nur das Ergebnis der

1 *androgyn* = »Mann-Weib, Zwitter«, *Androgynie* = »Mannweiblichkeit«.

2 Nun sagt ja Jesus in seinem Gespräch mit den Saduzäern die Aufhebung des jetzigen Geschlechtsunterschiedes für die andere Welt klar voraus (Matth. 22, 30), ohne uns jedoch Einzelheiten über das neue Sein zu nennen. Wie bereits erwähnt, ist der Versuch der Vorwegnahme eines göttlichen Gedankens immer etwas Antichristliches; denn es geht um nichts weniger als um die wie auch immer geartete Absicht, sich an die Stelle (= anti) Gottes und seines Christus zu setzen. Vollends als antichristlich wird die Idee vom androgynen Menschen entlarvt, wenn er als Mittel zur Schaffung des kommenden Weltfriedensreiches proklamiert wird.

3 Bezeichnend ist der Titel eines Buches: »Wir werden nicht als Mädchen geboren – wir werden dazu gemacht« von Ursula Scheu.

4 Beim Dienst des Paulus finden sich auch beide Seiten: 1. Thessalonicher 2, 7 (mütterlich) und Vers 12 (wie ein Vater). Bis heute ist aber noch niemand auf den Gedanken gekommen, deshalb anzuzweifeln, daß er ein Mann war. Wie töricht sind erst die diesbezüglichen Schlußfolgerungen im Blick auf den ewigen Gott, der doch kein Mensch ist und damit auch nicht als Mann in unserm Sinne angesehen werden kann!

Verdrängung der ursprünglichen weiblichen Urgottheiten sei, mit der Folge des Überganges einer anfangs matriarchalisch bestimmten Ordnung zum Patriarchat[1].

Danach muß die gängige Vorstellung von Gott als Vater noch durch diejenige als Mutter ergänzt werden. Das »Vaterunser« wird dann zu einem »Vater-Mutter-unser« oder – wo man von der Überlegenheit des Weiblichen über das Männliche überzeugt ist – gar zum nur noch »Mutterunser«. In künftigen Bibelübersetzungen müßten die männlichen Gottesbezeichnungen auf ein Mindestmaß herabgesetzt werden, so daß von unserm Herrn Jesus als »Sohn Gottes« einfach ein »Kind Gottes« wird. Statt des männlichen Fürwortes »er« haben wir dann tatsächlich das gewünschte »es«.

Schon spricht man von »Mutter Gott« und »Schwester Gott« sowie von »Jesa Christa« in Entsprechung zu gewöhnlichen Namen, die es sowohl in der weiblichen als auch männlichen Form gibt, wie z. B. »Julius« und »Julia«.

Die feministische Theologie spekuliert über die Erlösungsmacht des Weiblichen mit seinem »eigenen – in der Harmonie mit der Natur begründeten – Wesen[2]«. Sündhaftigkeit und Erlösungsbedürftigkeit werden abgelehnt. (Der biblische Bericht über den Sündenfall kann als Mythos sowieso nicht ernst genommen werden.) Während der Weltkirchenkonferenz in Vancouver fiel die Behauptung, »wie Jesus selbst, vergössen Frauen Blut, um der Welt Leben zu geben[3]«. Die Lehre vom Blut der Frau in Entsprechung zum Blute des heiligen Gotteslammes als Quelle der Hoffnung für die Welt richtet sich selbst.

Daß man auch auf heidnische Mythologien zurückgreift, stört nicht, sondern wird im Gegenteil als Bereicherung angesehen. Deshalb kann man auch z. B. ohne Skrupel die »Muter Erde« anrufen.

Auf der Basis einer solchen auf Dämonen zurückzuführen-

1 Matriarchat = Mutterherrschaft, Patriarchat = Vaterherrschaft.
2 (Herausgeber) Peter Beyerhaus, »Frauen im theologischen Aufstand«, Neuhausen-Stuttgart.
3 »idea-Spektrum«, Wetzlar, Nr. 33/34 vom 13. 8. 83.

den Irrlehre ist es nur ein kleiner Schritt bis zu jenen immer lauter verkündeten Utopien, daß der Sieg des Feminismus die Lösung der uns so bedrängenden Umweltprobleme (»Gyn-Ökologie«) und – wie bereits angedeutet – endlich den so lang ersehnten Frieden bringen werde. Zu solchen Erkenntnissen kann natürlich nie eine demütige, geistgeleitete Beschäftigung mit der Bibel führen. Dies will die feministische Theologie auch gar nicht. Sie selbst hat in diesem Zusammenhang z. B. einmal den Ausdruck »Theophantasie« geprägt, bei der man nur die in sich selbst schlummernden Kräfte zur Entfaltung zu kommen lassen braucht, was dann als Wirkung des Heiligen Geistes ausgegeben wird. Aufgrund ihres Selbstverständnisses kann und will sie auch keine wahre Theologie sein, die alle eigenen Gedanken unter den Gehorsam gegen Gott stellt.

Beim Feminismus haben wir es wahrlich mit einer besonderen endzeitlichen Finsternisentfaltung zu tun: für die bereits erwähnte Auffassung, daß der Frauenfrage derselbe endzeitliche Stellenwert zuzuschreiben sei wie dem Geschehen in Israel, – eine Bestätigung, wie sie eindrucksvoller und überzeugender nicht sein könnte! Es handelt sich nicht mehr wie noch vor Jahrzehnten um eine Meinung (s. S. 79), sondern um einen durch die Entwicklung voll bestätigten Tatbestand.

9. Die Mode

Als Vorbemerkung sei der Hinweis gestattet, daß es nur darum geht, einige biblisch klare und trotzdem weithin unbekannte Wahrheiten *zu bezeugen*. Das *Überzeugen* ist Gottes Sache. Daß aber über solche selbstverständlichen Fragen überhaupt soviel Worte verloren werden müssen, ist schon ein Beweis für die Entartung der heutigen gläubigen Kreise. Um so mehr sollten wir Andersdenkenden im Blick auf die biblischen Normen fest bleiben nach dem Vorbild des

Paulus in 1. Korinther 11, 16: »Ist aber jemand unter euch, der Lust hat, darüber zu zanken, der wisse, daß wir solchen Brauch nicht haben, die Gemeinden Gottes auch nicht.«

Wir sollten dem so viel geschmähten Pietismus dankbar sein, wenn er noch hier und da darauf hinweist, daß wir die biblischen Aussagen über Kleidung und Haartracht nicht einfach links liegen lassen dürfen. »Dafür wird er kleinlich gescholten. Aber er befindet sich, wenn er diese Dinge nicht außer acht läßt, in der Nachfolge des Apostels Petrus, dessen Ausspruch über den Schmuck der Frau (1. Petr. 3, 3) unter uns bekannt sein sollte. Ist's für den inneren Menschen gleichgültig, ob die künstliche Haarpflege viel Aufmerksamkeit und Aufwand ... erfordere, ob die Gewandung von Kopf bis zu Fuß mit viel Gedankenarbeit jeweilen der neuen Mode angepaßt werde, oder ob die Schlichtheit der äußeren Erscheinung den Geist nur wenig in Anspruch nehme? Der Pietismus nimmt sich das Recht heraus, zu dieser Frage mit aller Entschiedenheit zu antworten: Nein, es ist nicht gleichgültig[1]!«

Allerdings gilt gegenwärtig das Biblisch-Normale weithin als extrem. Deshalb wird rechte biblische Entschiedenheit kaum noch verstanden. In der schon angeführten Schrift heißt es an anderer Stelle: »Aus dem Lager der ›Weitherzigen‹ wird gegen ihn der Vorwurf geschleudert, er sei ›eng‹, womit er gerichtet, vernichtet, abgetan sein soll. Als ob damit ein Urteil gefällt wäre! Was heißt denn ›eng‹? Etwas gar Fürchterliches, wenn es nach der öffentlichen Meinung gehen müßte! Das ist ja – so scheint es – wirklich ausreichend, um einen Verdammungsspruch zu rechtfertigen ...; denn was ›eng‹ ist, ist abscheulich, schlimmer als das, was unwahr und unrein ist ... Wirklich? Ich schlage meine Konkordanz auf, und was finde ich? Nach dem üblichen Sprachgebrauch zu schließen, sollte ich erwarten, daß sie nur Bibelsprüche darböte, in denen die ›engen‹ Leute und das ›enge‹ Wesen bis

1 Wilhelm Schlatter, »Pietismus, Kirche und Welt«, Bern.

in die unterste Hölle verdammt würden. Was lese ich aber? Ein Wort Jesu, welches lautet: ›Gehet ein durch die enge Pforte. Denn die Pforte ist weit, und der Weg ist breit, der zur Verdammnis abführet; und ihrer sind viele, die darauf wandeln. Und die Pforte ist enge, und der Weg schmal, der zum Leben führet, und wenig sind ihrer, die ihn finden.‹ . . . Wer darauf merkt, muß doch wohl sich sagen, das, was eng ist, könne nicht so mir nichts dir nichts abgeschätzt werden, es müsse eine gute und heilsame, ja notwendige Enge und Einigkeit geben, und ihr mit Ernst, ohne Menschenfurcht und Angst vor Menschenzungen, nachzuforschen, ist nun eben eine Hauptaufgabe des Pietismus[1].«

Wenn auch die pietistischen bzw. evangelikalen Kreise hier weithin die begründeten Linien der Väter aufgegeben haben, so bleibt doch entscheidend, was die Schrift sagt, weil nur sie für uns letzte Richtschnur sein kann, und nicht, was in christlichen Kreisen oder gar in der Welt üblich ist. Und auch nicht ein noch so bekannter Name kann uns hier oberste Autorität sein! Wir haben heute, aufs große Ganze gesehen, tatsächlich die gleiche Lage wie in den Tagen Speners, der beklagen mußte, »daß man keine der Regeln Christi recht beachte«. Heute fragt man weithin erst gar nicht nach ihnen, sondern meint, daß es ganz in Ordnung sei, sich der Welt anzupassen.

Zwar wollen wir uns von aller Gesetzlichkeit klar distanzieren und auch aus den Fehlern der Vergangenheit lernen, aber alle falsche Freiheit als eine in Wirklichkeit tiefe Versklavung an den Zeitgeist demaskieren.

Allen biblischen Ordnungen auf diesem Gebiet liegt der Grundgedanke zugrunde, daß der gottgewollte Unterschied zwischen Mann und Frau schon im äußeren Erscheinungsbild deutlich zum Ausdruck kommen soll. Deshalb auch das alttestamentliche Verbot, daß die Frau keine Männerkleider tragen soll (5. Mose 22, 5). Es ist selbstverständlich, daß der

1 Wilhelm Schlatter, a. a. O.

große Gegenspieler des Schöpfers die Menschen im gegenteiligen Sinne zu beeinflussen versucht. Die Mode ist dabei ein treffliches Mittel, den gottgewollten Unterschied der Geschlechter im äußeren Erscheinungsbild zu verwischen. Wir werden es sicher schon alle einmal erlebt haben, daß man bei langhaarigen Männern und hosentragenden Frauen aus einer gewissen Entfernung oft gar nicht unterscheiden kann, ob es sich um einen Mann oder eine Frau handelt.

Dieser Beobachtung hat sich inzwischen auch der volkstümliche Witz bemächtigt. Aus der großen Zahl seien nur zwei aus einer bekannten Zeitschrift herausgegriffen:

»Es sagte eine Hausfrau zur andern: ›Wer hätte gedacht, daß man einmal Kleidungsstücke mit ER und SIE markieren müßte[1]‹.«

»Ein junges Mädchen hatte unweit von Padua eine Reifenpanne. Angetan mit langen Hosen, Lederjacke, überdimensionaler Schirmmütze und einer imposanten Halskette, stand sie ratlos neben ihrem Kleinwagen, ohne daß sich jemand ihrer erbarmte. Erst als sie ein Schild hochhielt mit der Aufschrift ›Wer hilft mir? Ich bin ein Mädchen!‹, hielt endlich einer an. – (Tempo, Italien)[2]«

Zweifellos bestehen Unterschiede bei den Anweisungen für die Praxis des Lebens im *Alten* und im *Neuen Testament*. Deshalb macht manchem die Frage eine ehrliche Not, ob das in 5. Mose 22, 5 ausgesprochene Verbot des Tragens von Männerkleidern auch für Frauen heute verbindlich ist.

Nun, wir stehen nicht mehr unter dem Gesetz. Wir können im Rahmen dieser Arbeit nicht auf den wichtigen umfangreichen Fragenkomplex des Verhältnisses von Evangelium und Gesetz eingehen. Hierzu wird manches im nächsten Abschnitt zur Sprache kommen. Hier sei nur das vorwegge-

1 »Da Beste aus Reader's Digest«, 12/1974, Stuttgart.
2 Zitiert nach »Das Beste aus Reader's Digest«, 3/1974, Stuttgart.

nommen, was für die Behandlung unserer Frage gesagt werden muß.

»Christus ist das Ende des Gesetzes als des Heilsweges, auf dem der Mensch versucht, seine eigene Gerechtigkeit aufzurichten . . .[1]« Viele Vorschriften des Alten Testamentes werden im Neuen namentlich aufgehoben, so z. B. das Halten von Festen und Sabbaten (Kol. 2, 16); dagegen wird, um ein Gegenbeispiel anzuführen, das Gebot, Vater und Mutter zu ehren (2. Mose 20, 12; 5. Mose 5, 16), von Paulus auch für neutestamentlich Gläubige als verbindlich bestätigt (Eph. 6, 1–3). Nach 5. Mose 22, 5 ist das *Tragen von Männerkleidern durch Frauen Gott ein Greuel*[2], genauso wie das *Essen von Schweinefleisch* (5. Mose 14, 3. 8). Muß man also heute das Kleidergebot nicht als ebenso aufgehoben ansehen wie das Speisegebot? Nun, bei der Speisevorschrift haben wir es mit einer jener alttestamentlichen Anweisungen zu tun, die ausdrücklich im Neuen Testament als abgetan erklärt werden (Kol. 2, 16; Hebr. 9, 10). (Die Sonderregelung auf dem Apostelkonzil in Jerusalem können wir hier außer Betracht lassen.) *Dagegen führt das Neue Testament die natur- und schöpfungsmäßig bedingten Unterschiede der Geschlechter als Begründung für verschiedene gottgewollte Ordnungen an.* Etwas anderes ist die Aufhebung jeglichen Unterschiedes zwischen Mann und Frau im Blick auf die Erlangung des Heils durch das Evangelium (Gal. 3, 28).

Ist aber eine für die Frau geschneiderte Hose überhaupt ein Männerkleidungsstück? Auf kaum beachtete, aber sehr wichtige Zusammenhänge weist Samuel Külling in seinem Aufsatz: »Ist die Bibel zeitlos gültig[3]?« hin:

1 »Die Religion in Geschichte und Gegenwart«, Tübingen.

2 Zu 5. Mose 22, 5 August Dächsel in seinem »Bibelwerk«: »Gottes Ordnung soll in der Sonderung der Geschlechter, wie sie im bürgerlichen Leben durch die jedem Geschlecht eigentümliche Kleidung zutage tritt, dir heilig sein. *Ein Weib soll* (demnach) nicht Mannsgeräte (irgendetwas, was zu der eigentümlichen Tracht des Mannes gehört) *tragen, und ein Mann soll nicht Weiberkleider antun; denn wer solches tut, der ist dem Herrn, deinem Gott, ein Greuel.* Hiernach ist auch die sogenannte Emanzipation des Weibes (die Lossagung von den dem weiblichen Geschlecht gesetzten Schranken und das Übergreifen in die Lebensweise der Männer) ein Greuel vor Gott (Keil).«

3 »Bibel und Gemeinde«, 4/1972, Blankenloch.

»Der Grund der scharfen Ablehnung in 5. Mose 22, 5 mag auch darin liegen, daß Männerkleider deshalb abgelehnt werden, weil sie die *spezifisch weiblichen Körperformen und Bewegungen, ähnlich wie heute gewisse Arten von Frauenkleidern* ... hervorheben und damit die erotischen Gefühle und die Begehrlichkeit des Mannes anregen. Würde es sich nur um Kleider handeln, die die Frau nicht ›ausstellen‹, könnte man mit dem Fragesteller einig gehen, sie nicht als ›Mannsgewand‹ zu bezeichnen ... Allgemein kann man hier antworten, daß von Gott her diejenige Kleidung kein Greuel ist, die nicht die Aufmerksamkeit auf den Körper des betreffenden Menschen lenkt. *Wir sollen als Männer und Frauen Wegweiser zu Gott hin sein und nicht Wegweiser auf uns selbst.* Die Kritik Jesajas an den Töchtern Zions (Jes. 3, 16–24) zeigt in ihrer ganzen Beschreibung derselben, daß sie alles tun, um die Aufmerksamkeit der Umwelt (Männer!?) auf sich zu ziehen ... Aber es geht in den beiden Stellen 1. Timotheus 2, 9 und 1. Petrus 3, 5 nicht um Modefragen. Diese würden ja jedes Jahr veralten! Die Bibel aber veraltet nicht, auch hier nicht. In beiden Stellen geht es wie bei den Töchtern Zions darum, daß die Aufmerksamkeit nicht auf die äußeren Dinge (Haarflechten, Gold, Perlen, kostbares Gewand usw.), sondern auf die inneren Werte gelenkt werde, nicht auf äußere Erscheinung, sondern auf das Zeugnis des Glaubens.« Bei einer solchen Grundeinstellung erledigen sich viele Modefragen sofort von selbst.

Auch die Tatsache, daß das Hosentragen in manchen Völkern üblich ist, z. B. bei den Chinesen und Türken, kann nicht als Gegenargument angeführt werden; denn erstens leben wir nicht dort, und zweitens sind die allgemeinen Volkssitten ja kaum, in heidnischen Ländern oft gar nicht von den ursprünglichen göttlichen Schöpfungsordnungen bestimmt. Deshalb können sie auch nicht Maßstab für das Verhalten von Gläubigen sein.

Mary Quant, die Erfinderin des Mini-Rockes, enthüllte den wahren Hintergrund dieser Modeinspiration, wenn sie bei der Vorstellung der Mini-Midi-Mode sagte: »Der Mini hat seinen Zweck erfüllt, nämlich zu beweisen, daß die Frau emanzipiert ist. Das wird nun akzeptiert. Wir können zum Normalen zurückkehren, zur kühnen Eleganz[1].« Es geht also gar nicht nur um ein paar Zentimeter Stoff mehr oder weniger, obwohl das gar nicht so belanglos ist, sondern letztlich viel mehr um Fragen, hinter denen *Ideen aus* – wie Gläubige wissen – *unsichtbaren Welten stehen*[2].

Unter dem Motto »Mit diesen Modellen im Herrenstil wollen die Damen jetzt die Büroherrschaft der Männer brechen!« wurden Frauen in ganz typischer Herrenkleidung (Anzug, Hemd, Krawatte) vorgestellt. Nach einer Zeitungsanzeige aus dem Jahre 1983 gehört zu einer vollständigen Damengarderobe ein »Männerhut«.

Daß eine solche Mode, die das Emanzipationsbestreben der Frau unterstreichen soll, auch in gläubigen Kreisen getragen wird, ist ein regelrechter Skandal im Hause Gottes. Weshalb werden Verkündiger geduldet, die in diesem Punkt nicht auf biblischem Boden stehen, und weshalb sitzen Gläubige unter ihrer Verkündigung? Hier hat das Volk Gottes viel Grund, sich zu beugen; aber gerade nach Buße über dieses Versagen sucht man vergeblich.

Gläubige, die es in diesen Dingen nicht genau nehmen, haben kein Recht, gegen die Unmoral der Welt Stellung zu nehmen. Es ist nötig, an den Ausspruch Speners zu erinnern,

1 »Westfälische Allgemeine Zeitung« vom 24. 4. 1970.
Als die Modeschöpfer die Ablösung der Minimode proklamierten, erlebte der staunende Beobachter zum ersten Male, daß die Frauenwelt, die sonst nur darauf wartete, um sich nach dem neuesten Schrei kleiden zu können, auf einmal die Gefolgschaft verweigerte. Wie viele Anläufe bedurfte es, bis überhaupt erst ein Anfang mit der neuen Rocklänge gemacht werden konnte! Folgende in der »Süd-Ost-Tagespost« (Granz) vom 21. 8. 1974 veröffentlichte Reaktion enthüllt den wahren Geist der Mode: »Ein einstimmiges Vertrauensvotum haben die australischen Mädchen dem Minirock gegeben, obwohl London dessen Todesurteil gesprochen hat. In Sydney wurden Meldungen, der Mini sei tot, nur mit Gelächter aufgenommen ... Während man in Australien meint, der Minirock sei für das dortige Klima geschaffen, wehrt sich vor allem die Männerwelt dagegen, auf den Anblick der Minis verzichten zu müssen.«
Bei allen diesen Fragen darf nie diese Tatsache aus den Augen verloren werden: »Die Sexualität hat einen wesentlichen Einfluß auf die Mode ... « (Kybalová/Herbenová/Lamarová, »Das große Bilderlexikon der Mode«, Prag/Gütersloh).

2 »Merkmal der Mode ist die Irrationalität der Änderung«, lesen wir in der »Brockhaus-Enzyklopädie«, Band 12, unter dem Stichwort »Mode«. (»irrational« = »nicht allein mit dem Verstand erfaßbar«.)

daß Gott durch die Sünden der Gläubigen mehr verunehrt wird als durch die der Ungläubigen.

Schon der eben erfolgte Hinweis auf die Quelle der Inspiration zur Mini-Mode widerlegt aufs schlagendste, daß es sich hier nicht um reine, den Wandlungen der Zeit unterworfene Geschmacksfragen handelt, die deshalb der freien Entscheidung des einzelnen zu überlassen seien. Hinzu kommt die Erkenntnis, daß die in 1. Timotheus 2, 8–15 und 1. Petrus 3, 1–6 erwähnten Ordnungen *zeitlos und für alle Gläubigen verbindlich sind.* Was sagen sie?

> ». . . daß die Frauen in schicklichem Kleide mit Scham und Zucht sich schmücken, nicht mit Haarflechten und Gold oder Perlen, oder köstlichem Gewand, sondern wie sich's ziemt den Frauen, die ihre Gottesfurcht bekunden wollen mit guten Werken« (1. Tim. 2, 9. 10).
>
> »Euer Schmuck soll nicht auswendig sein mit Haarflechten und Goldschmuck oder Kleiderpracht, sondern der verborgene Mensch des Herzens in unvergänglichem Schmuck des sanften und stillen Geistes! Das ist köstlich vor Gott« (1. Petr. 3, 3. 4).

Ja, haben denn aber die zitierten Stellen etwas mit der Minimode zu tun? Doch, sehr viel! Denn es geht ihnen um die notwendige Bedeckung der menschlichen Blöße durch die Kleidung nach dem Sündenfall (1. Mose 3, 21)[1]. Gott *be*kleidet den Menschen, sein Gegenspieler *ent*kleidet ihn. In 1. Timotheus 2, 9 steht das Wort »katastolē«, das aus den beiden Wörtern »kata« = »von herab« und »stolē« = »Gewand« besteht, also soviel wie »Herabgewand« bedeutet. Dabei muß man wissen, daß »stolē« allein schon ein »langes

1 Es sind drei große göttliche Grundgedanken, die den biblischen Anweisungen im Blick auf den äußeren Menschen zugrundeliegen:
1. die Bedeckung der Blöße
2. der äußerlich erkennbare Unterschied von Mann und Frau
3. Auswirkungen auf die unsichtbare Welt (1. Kor. 11, 10). Siehe Seite 100!
Wo man diese drei Punkte im Auge hat, wird man in Modefragen schon das Richtige treffen.

Gewand« meint[1] (Mark. 12, 38; Luk. 20, 46; Offb. 6, 11; 7, 9. 13. 14). In der Bibel geht es also um lange Kleider. Die Kleiderlänge soll Ausdruck des dem Menschen von Gott gegebenen Schamgefühls sein, auf dessen Zerstörung Satan ganz systematisch hinarbeitet. Der bekannte Psychiater Carl Gustav Jung (1875 bis 1961) soll einmal zum Ausdruck gebracht haben, daß Schamlosigkeit das erste Zeichen von Schwachsinn sei. Jedenfalls haben wir es hier mit einer starken endzeitlichen Degenerationserscheinung zu tun.

Der heutigen Kleidermode liegt eine hurerische Tendenz zugrunde. In unseren Tagen findet das Wort Jesu »vom hurerischen Geschlecht«, das er ja nicht in moralischer Hinsicht, sondern zur Kennzeichnung des inneren Verhältnisses Israels zu seinem Gott gemeint hat, noch eine endzeitliche Interpretation in seinem ganz buchstäblichen Sinne.

Für viele ist die Kleidung nur ein Mittel zur Befriedigung der Eitelkeit, der Blick für ihre gottgewollte Rolle ist weithin verlorengegangen: »Das Kleid ist eine Folge des Sündenfalles. Als Adam und Eva die Augen geöffnet wurden durch ihre und über ihre Schuld, da verlangten sie nach Deckung und Verhüllung ... Das erste Kleid war kein Schmuck, sondern ein Gegenstand tiefer Demütigung, eine beständige Erinnerung an die Unschuld des verlorenen Paradieses ... Nur die Hamiten (die schwarze Rasse) und die mit ihnen verwandten Völkerschaften haben mehr oder weniger auf das Kleid verzichtet. Je tiefer ein Volk steht, ... desto geringer ist sein Bedürfnis nach verhüllender Gewandung ...[2]«

Die moderne Mode bezeichnet sich selbst gern als »frech«, und genau dieser Geist kennzeichnet die von ihr beeinflußten Trägerinnen.

Auch gläubige Frauen, denen es wirklich darum geht, mit

1 Nach dem bekannten als wissenschaftliches Standardwerk geltenden »Griechisch-deutsches Wörterbuch zu den Schriften des Neuen Testaments und der übrigen urchristlichen Literatur« von Walter Bauer.
(»katastolē« bedeutet auch »Haltung«.)

2 Eva von Tiele-Winckler, »Kleine Strahlen von der Lebenssonne«, Dresden. Welch einen Tiefstand des Abendlandes offenbart gerade die Tatsache, daß Regierungen farbiger Völker, also der hier genannten Hamiten, sich genötigt sahen, gegen die anstößige Minimode offiziell vorzugehen!

ihrer Kleidung keinen Anstoß zu geben, werden in einzelnen Punkten persönlich verschiedene Grenzen sehen. Auffallend ist die Erfahrung, daß manchmal Frauen, auf mehr am Rande liegende, aber keineswegs unwichtige Kleinigkeiten, wie z. B. ärmellose Kleider, aufmerksam gemacht, bekennen, sich dabei gar nichts gedacht zu haben. Hier erwächst den Männern und Eltern die Aufgabe, ihre Frauen und Kinder auf solche Dinge aufmerksam zu machen. *Überhaupt hat die Entartung der Mode zu einem wesentlichen Teil seine Ursache im Versagen der Männer. Sie sind zumindest ebenso schuld wie die Frauen selbst.*

Die Haarfrage zählt auch zu den wenigen äußeren Dingen, die in der Schrift klar geregelt sind. »Und lehrt euch nicht schon euer natürliches Gefühl, daß, wenn ein Mann langes Haart trägt, es eine Schmach für ihn ist, während, wenn eine Frau langes Haar trägt, es eine Ehre für sie ist? Denn das lange Haar ist ihr als Schleier (= anstelle eines Schleiers) gegeben« (1. Kor. 11, 14. 15 nach Menge). Es ziemt sich nicht für eine Frau, »sich das Haar kurz schneiden oder es sich ganz abscheren zu lassen« (Vers 6 nach Menge).

Also nicht erst das Kahlscheren, gegen das sich jedes gesunde Empfinden sträubt, ist eine Schande, sondern schon das Kurzschneiden des Haares der Frau.

Wie wichtig Paulus alle diese Fragen waren, geht schon daraus hervor, daß er sie fast in einem Atemzug mit einem so heiligen Gebiet wie dem Abendmahl behandelt. Wir verbauen uns auch den Zugang zum richtigen Verständnis von 1. Korinther 11, wenn wir meinen, daß Paulus hier nur zu zeitbedingten Fragen von Sitte und Anstand Stellung nimmt. Er würde dann nicht so weit zurückgreifen, praktisch bis zum Anfang der Bibel. Das tut er nur deshalb, um zu beweisen, *daß die von ihm aufgestellten Ordnungen sich zwangsläufig aus der göttlichen Natur- und Schöpfungsordnung ergeben* (8.9.14)[1]. So ist auch die Ehe eine für die Dauer dieser Welt von Gott eingesetzte Ordnung.

1 Auf den Charakter dieser Anweisungen als einer göttlichen Ordnung und ihre Gültigkeit für die

»Paulus begründet seine Anordnung durch grundsätzliche kosmologische und anthropologische Ausführungen[1].« Dann weiter a. a. O. zur Kopfbedeckung der Frau: »Diese Forderung ist zwingend, da es sich nicht bedinglich um Sitte handelt, sondern die Ordnung der Schöpfung.«

Schon die Natur[2] kann einen Menschen lehren, was in der Haarmode schicklich ist. Die Gegebenheiten der Natur weisen schon rein instinktiv in die richtige Richtung. Daß das aber nicht einmal bei Gläubigen mehr der Fall ist, zumal es noch dazu in der Bibel steht, offenbart gerade an diesem Punkt geradezu blitzlichtartig den heutigen Tiefstand der Gemeinde.

Und in der Tat: In früheren Jahrhunderten galt das Haarabschneiden im allgemeinen als etwas Schimpfliches und war eine sehr empfindliche Strafe. Man braucht nur ein Standard-

ganze Weltzeit weist der bekannte Bibelausleger F. Godet in seinem »Kommentar zu dem ersten Briefe an die Korinther« (Hannover) zu 1. Korinther 11 hin:
»War nun etwa diese Überzeugung ganz und gar von den örtlichen und zeitlichen Verhältnissen bedingt, so daß man annehmen könnte, der Apostel würde sich anders aussprechen, wenn er heutzutage im Abendland leben würde? Diese Annahme ist nicht haltbar; denn die Gründe, die er anführt, sind nicht etwa aus den damaligen Zuständen und Gebräuchen geschöpft, sondern sie beziehen sich auf bleibende Verhältnisse und Tatsachen, die solange bestehen werden, als die jetzige Weltzeit dauert. Die physische Beschaffenheit der Frau (V. 13–15) ist heute noch dieselbe wie zur Zeit, da Paulus seinen Brief schrieb und wird dieselbe bleiben bis zu dem Tag, da alles neu werden wird.« Nach Hinweis auf die Schöpfungsgeschichte, auf welche Paulus in den Versen 8–12 zurückgeht, fährt Godet fort: »... ebenso haftet heute noch wie damals dem Verhältnis zwischen Gott und Christus, Christus und dem Mann, dem Mann und dem Weib je der nämliche Grundcharakter an. Man kann daher nur sagen: entweder ist die Begründung des Apostels eine durchaus verfehlte, oder wenn die Gründe, die er vorbringt, damit stichhaltig waren, so sind sie es heute noch und werden es bleiben bis ans Ende der Welt. Wenn der Apostel von einer Gleichstellung beider Geschlechter in Christo spricht, so hat er dabei ihr Verhältnis zum Heil in Christo als dem Erlöser, nicht aber ihre soziale Stellung im Auge.«

1 Hans Conzelmann, »Der erste Brief an die Korinther«, Göttingen.

2 Zu dieser Stelle in 1. Korinther 11, 14 führt Fritz Rienecker in seinem »Sprachlichen Schlüssel zum Griechischen Neuen Testament« (Gießen/Basel) Adolf Schlatter an: »Gegen das, was die Natur lehrt, gibt es keine Einrede.« Der erwähnte Ausleger F. Godet schreibt: »Die Natur selbst, ohne mich, ohne meine Belehrung.«
Dieselbe Ansicht vertritt J. P. Lange in seinem »Theologisch-homiletischen Bibelwerk«: »Bei physis fragt sich, ob es im objektiven Sinn steht = Naturordnung oder im subjektiven = der natürliche Sinn und Takt, das natürliche Verhältnis des Urteils und Gefühls zur Sache, das natürliche Schicklichkeitsgefühl, welches jedoch ein unter dem Einfluß der Sitte und Gewohnheit gewordenes ist. Die letztere Erklärung läßt sich sprachlich nicht sicher begründen. Die erstere aber gibt einen guten Sinn, insofern man an die natürliche Einrichtung des männlichen und weiblichen Organismus denkt, an den stärkeren Haarwuchs des letzteren. Durch diese Einrichtung selbst ist dem, der auf Gottes Werke achtet, ein deutlicher Wink gegeben, daß es dem Weibe gezieme (für dasselbe anständig sei), lange Haare zu ziehen, während es den Mann verunehre. Demnach hat sich auch im Gegensatz gegen die Zeiten des roheren Heidentums, wo der lange Haarwuchs vorwaltet, bei den gebildetsten Völkern der gute Geschmack für den kurzen Haarwuchs des Mannes und für den langen der Frauen erklärt; der letztere galt bei den Männer für etwas entehrendes Weibisches, und zwar mit Recht um so mehr, je mehr er das freie Hervortreten des Angesichts hindert oder dasselbe verhüllt (V. 3).« – »Die Natur hat bei der Frau alles auf Verhüllung angelegt.«

werk des Friseurhandwerks zur Hand zu nehmen, um dort bestätigt zu finden, daß die ersten Frauen mit abgeschnittenem Haar in unseren Breiten Huren waren.

Das Haarabschneiden darf nicht allein für sich, sondern muß in seinem großen Zusammenhang gesehen werden: Es wurde Mode mit dem Vordringen der unbiblischen modernen Ideen, z. B. *der Frauenemanzipation, eine zweifellos auf die Endzeit hindeutende Erscheinung* genauso wie das Hosentragen beim weiblichen Geschlecht, durch das es – wenn auch unbewußt – seine Gleichberechtigung mit dem Manne demonstriert. Wie alles männliche Getue ist es nur der folgerichtige Ausdruck einer tiefen inneren Zerrissenheit. Die Frau will zwar noch – wenn auch mit Einschränkungen – Mutter sein, aber nicht *ganz* und *nur* Frau.

Als Beweis für die eben zum Ausdruck gebrachte Behauptung, daß diese Entwicklungen in einem größeren Rahmen gesehen werden müssen, ein kompetentes Zitat: Die Bestrebungen der Frauenbewegung »stehen mit den übrigen gesellschaftlichen Reformbewegungen seit dem Ende des 18. Jahrhunderts in engem Zusammenhang. 1789 versuchte Olympe de Gouges ... eine ›Erklärung der Frauenrechte[1]‹.« (1789 war das Jahr der Französischen Revolution mit der neu proklamierten Religion der Vernunft.)

Wie wenig wir über die wahren Hintergründe mancher Modeerscheinungen informiert sind, zeigen Aussagen der Fachleute, daß das Augen-make-up nur in solchen Kulturen vorkam, in denen die Frau eine starke Stellung hatte, wie z. B. die Pharaonenfrauen der Ägypter. Mit ihm will die Frau zeigen, daß sie ihren Mann steht, es ist Ausdruck ihres Selbstbewußtseins. So schminkte sich auch die herrische Isebel (2. Kön. 9, 30), wozu auch die Augen gehörten.

In seiner gründlichen »Geschichte der Frisur in allen Zeiten« (Darmstadt) stellt der Verfasser Georg Wolf fest: »Auf dem Gebiete der Frisur äußerte sich diese Gleichberech-

1 Brockhaus-Enzyklopädie, Band 6, Stichwort »Frauenbewegung«.

tigung (der Frau im 20. Jahrhundert, d. V.) durch den Sieg des ›Bubikopfes‹.«

Diese Zusammenhänge sollte man gründlich überdenken und zu den so klaren und einfachen Ordnungen der Schrift zurückkehren, die für uns maßgebend sind. Was im Worte Gottes geregelt ist, ist für uns einfach verbindlich. Dann kann auch nicht oberster Gesichtspunkt sein, was praktischer ist, womit ja z. B. das Hosentragen der Frauen in manchen Fällen und das kurze Haar von Missionarinnen entschuldigt wird[1].

Eine schwerwiegende Folge des Herausfallens der Frau aus den göttlichen Ordnungen ist der Verlust des mit diesen verbundenen Schutzes: sie wird zum Freiwild satanischer Mächte! Diese Ordnungen sind der Frau gegeben, damit sie eine Macht habe »um der Engel willen«, die in der Bibel eine nicht unwesentliche Rolle spielen. Gläubige Frauen und Mädchen würden sich anders verhalten, wenn sie sich dessen klar bewußt wären, daß Kinder Gottes nicht nur der Welt, sondern auch den Engeln ein Schauspiel (theatron) sind (1. Kor. 4, 9). Auswirkungen von unbiblischem Verhalten bis in die andere Welt werden hier angedeutet. Ob in dieser Richtung die Erklärung zu suchen ist, wenn ein okkult belastetes Mädchen, das frei geworden war, wieder unter den bösen Einfluß geriet, als es sich auf den Rat anderer »gläubiger« Frauen wieder für das kurze Haar entscheiden wollte?

Hören wir noch, was die Bibel gläubigen Frauen im Blick auf den Schmuck sagt:

». . . daß die Frauen . . . sich schmücken, nicht mit Haarflechten und Gold oder Perlen . . . « (1. Tim. 2, 9).

»Euer Schmuck soll nicht auswendig sein mit Haarflechten und Goldschmuck . . . « (1. Petr. 3, 3).

Da Eitelkeit und Stolz die Wurzel von Übertretungen auf diesem Gebiet sind, müssen sie Gott ein besonderer Greuel sein. Kein Wunder, daß er mit ihnen sehr scharf ins Gericht

1 Auf der andern Seite ist man ohne weiteres bereit, sich dem Diktat gesundheitsschädlicher Moden zu unterwerfen, vor denen selbst Ärzte warnen, wie z. B. vor Schuhen mit hohen Absätzen.

geht, wovon uns Jesaja 3, 16–24 einen lebendigen Eindruck zu vermitteln vermag: »So hat der Herr gesprochen: Weil die Töchter Zions stolz sind und gehen mit aufgerecktem Halse, mit lüsternen Augen, trippeln daher und tänzeln und haben kostbare Schuhe an ihren Füßen, deshalb wird der Herr den Scheitel der Töchter Zions kahl machen, und der Herr wird ihre Schläfe entblößen. Zu der Zeit wird der Herr den Schmuck an den kostbaren Schuhen wegnehmen und die Stirnbänder, die Spangen, die Ohrringe, die Armspangen, die Schleier, die Hauben, die Schrittkettchen, die Gürtel, die Riechfläschchen, die Amulette, die Fingerringe, die Nasenringe, die Feierkleider, die Mäntel, die Tücher, die Täschchen, die Spiegel, die Hemden, die Kopftücher, die Überwürfe. Und es wird Gestank statt Wohlgeruch sein und ein Strick statt eines Gürtels und eine Glatze statt lockigen Haars und statt des Prachtgewandes ein Sack, Brandmal statt Schönheit.«

Für eine zeitgemäße Anwendung brauchen wir diese Aufzählung nur durch das heutige riesige Angebot auf den Gebieten der Kosmetik und Mode zu ersetzen.[1]

Wieviel mehr noch muß es Gott betrüben, wenn Kinder des Neuen Bundes sich über seine klaren Linien hinwegsetzen! Wieviel schwerer muß die gleiche Sünde wiegen bei einem Menschen, in dem der Heilige Geist wohnt, als bei einem Glied des alttestamentlichen Gottesvolkes!

In diesem Zusammenhang wird viel das Argument ins Feld geführt, daß es ja gar nicht auf das Äußere ankomme, das Innere allein sei entscheidend. Hierauf ist in dieser Abhandlung schon mehrfach eingegangen worden. Besonders soll

1 Das war ein Punkt, an dem die ersten Christen sich deutlich von der sie umgebenden Umwelt unterschieden. »Die leiblichen Bedürfnisse wurden eingeschränkt, Schmuck und Putz, Pracht und Aufwand verschmäht. Als besonders anstößig galten ... Schminken, Färben der Haare, Tragen von falschen Haaren ... Man sah in diesen Dingen Künste der Üppigkeit und Mittel der Verführung, einen Vorwurf gegen den Schöpfer, als habe er den Menschen nicht mit der gebührenden Schönheit ausgestattet, oder auch ein Unrecht gegen Gottes Anordnung in der Natur« (Karl Bihlinger, »Kirchengeschichte«, Paderborn).
Zum Nachdenken: Wenn der Schöpfer es in seiner Weisheit als nötig ansieht, uns bei zunehmendem Alter durch die Haare an unsere Hinfälligkeit zu erinnern, muß dann das Haarfärben nicht als Aufbegehren gegen eine gute göttliche Ordnung gedeutet werden?

noch einmal unterstrichen werden der *Unterschied zwischen den für alle verbindlichen zeitlosen göttlichen Ordnungen und den andern nicht geregelten Punkten, die den uns überlassenen Ermessensspielraum darstellen*[1]. Es steht in der Schrift, daß sich die Frau das Haar nicht abschneiden darf, nicht aber, wie die Frisur dieses nichtgeschnittenen Haares sein soll. Die Farbe eines Kleides oder Musterung einer Krawatte muß jeder nach seinem Geschmack entscheiden. *Ausdrücklich sei betont, daß wir nur das, was die Bibel ganz klar sagt, als für alle Gläubigen verbindlich hinstellen dürfen, und keine einzige weitere Forderung.* Und darüber sollte kein Wort verloren werden, daß ein Gläubiger alles, was Gott will, gern mit Freuden zu tun bestrebt ist.

Übertrete ich eine göttliche Ordnung, so bin ich in diesem Punkt ungehorsam. Geschieht das unbewußt, wird mangelnder Einblick in das Wort Gottes offenbar.

Auch die Faktoren Erziehung und Umwelt können hier nicht ausschlaggebend sein, sondern müssen unter die korrigierende Zucht des Heiligen Geistes.

Im Gegenteil: Hier müssen wir uns um einen tieferen Einblick in die verborgenen Zusammenhänge zwischen dieser Welt und den hinter ihr stehenden Realitäten bemühen. Es ist auffallend, daß die Bibel von einem »Geist der Welt« (1. Kor. 2, 12), von einer »Weisheit dieser Welt« (1. Kor. 3, 19), von einer »Gestalt dieser Welt« (1. Kor. 7, 31) redet. (»Gestalt« kann auch wiedergegeben werden mit »Art und Weise« oder »Ordnung« [dieser Welt].) Das alles läßt auf eine – und zwar Gott entgegengesetzte – Ordnung schließen. Ob Watchmann Nee uns nicht die richtige Spur zeigt, wenn er

1 Nur in diesem Rahmen kann von Gläubigen der Modewandel mitgemacht werden, und hier bleibt auch bei Beachtung der biblischen Grenzen viel Spielraum. Es verlangt niemand, daß wir uns wie die Voreltern kleiden müßten. *Die biblische Haarordnung ist aber – das sei noch einmal klar herausgestellt – aus allen dem Wandel der Mode unterworfenen Fragen herausgenommen und bleibt eine allezeit gültige Schöpfungs- und Naturordnung, die von bloßen bürgerlichen Gewohnheitsregeln unterschieden werden muß.*
Göttliche Ordnungen dürfen auch nicht mit dem Bereich der freien Gewissensentscheidung nach Römer 14, 1–12 und 1. Korinther 8 vermengt werden, wo es z. B. um das Halten von Feiertagen sowie Essen und Trinken geht. Die Frage: »Alkoholtrinken oder nicht?« z. B. liegt auf einer ganz andern Ebene als etwa die hier behandelten biblischen Anweisungen.

folgende Zusammenhänge zu erkennen meint: »Es gibt ein geordnetes System, ›die Welt‹, die hinter den Kulissen von einem Herrscher, dem Satan, regiert wird. Wenn Jesus Johannes 12, 31 erklärt, das Gericht ergehe über die Welt, so meint er damit nicht, daß die materielle Welt oder ihre Bewohner gerichtet würden . . Was hier gerichtet wird, ist diese Institution, diese harmonische Weltordnung, deren Urheber und Haupt Satan ist . . . So vertieft die Schrift unser Verständnis für die Welt, die uns umgibt; und sie warnt uns: Wenn wir diese unsichtbare Macht, die hinter den materiellen Dingen steht, nicht beachten, dann sind wir schnell betrogen. Daher auch die Aufforderung in 1. Petrus 3, wo der Apostel ›den äußeren Schmuck‹. . . dem ›unvergänglichen Schmuck des sanften und stillen Geistes‹ gegenüberstellt, der in den Augen Gottes von hohem Wert ist . . . Er (Petrus) will nämlich sagen: Schmückende Kleider, Juwelen, Make-up sind Sache der von Gott abgefallenen Welt, deren – schon gerichteter – Herr seine eigenen Ziele verfolgt[1].«

Das Äußere kann schon deshalb nicht gleichgültig sein, weil es ja ein Ausdruck des Inneren ist. Steht es im Gegensatz zum Worte Gottes, haben wir einen klaren Beweis, daß hier auch innerlich noch nicht alles in Ordnung ist.

Völlig fehl am Platze ist das Argument, daß man auch bei genauer Befolgung der äußeren Form ein Pharisäer sein kann. Diese Gefahr ist grundsätzlich bei jeder biblischen Anweisung gegeben. Aber deshalb wird doch niemand auf den Gedanken kommen, die Bibel überhaupt nicht zu praktizieren, weil man ja etwas falsch machen könnte. Es wird auch niemand vor dem richtigen Gebrauch einer Maschine warnen, nur weil sie einmal jemand nicht richtig bedient oder in gefährlicher Weise Mißbrauch getrieben hat. Dieses Argument zieht also nicht. Es kann uns höchstens Veranlassung sein, aus gemachten Fehlern zu lernen und es besser zu machen.

1 Watchmann Nee, »In der Welt – nicht von der Welt«, Wuppertal.

Es sei allerdings deutlich betont, daß damit nicht viel erreicht wäre, wenn wir einfach die Anweisungen eines andern nachvollzögen, evangeliumsgemäß ist nur ein Tun aufgrund der klaren Erkenntnis der Zusammenhänge aus Liebe zum Herrn.

Das war auch früher nicht immer der Fall, als das Verhalten der Gläubigen in diesen Punkten noch dem biblischen Geist entsprach. Indem sie – von allen Auswüchsen abgesehen – nach der schlichten Zeitmode lebten, konnte das zu keinen Problemen führen, weil die Mode der breiten Volksschichten den schon erwähnten natürlichen Gegebenheiten entsprach. Mit dem Augenblick aber, in dem sie sich von ihnen unter dem Einfluß moderner Ideen immer mehr entfernte, begann sich das Fehlen eigener biblischer Klarheit und Überzeugung bitter zu rächen. Hier ist in den Kreisen der Gläubigen noch viel nachzuholen.

Auch müssen wir uns sehr hüten, hier von Mitteldingen zu sprechen. Diesen Begriff kennt die Bibel gar nicht, auch nicht die damit gemeinte Sache. Ins biblisch Zentrale trifft dagegen das Wort Hermann Bezzels: *»Je mehr ein Mensch ans Ziel denkt, um so mehr werden die sogenannten Mitteldinge für ihn Hauptfragen.«*

Auf das unheimliche Gefälle nach unten bei der Mode hat Schwester Eva v. Tiele-Winckler schon vor Jahrzehnten hingewiesen, und die Entwicklung hat ihre Behauptungen bestätigt:

Es sprach Frau Mode ein großes Wort:
»Der Schmuck des Weibes, der Zopf, muß fort!«
Und abgeschnitten ward Zopf um Zopf,
Verwandelt in einen Bubikopf.
Und Frau Mode sprach: »Halt mit mir Schritt!
Als neuestes gilt der Herrenschnitt.«
Da wurde geopfert der letzte Schmuck,
Und lächelnd sprach sie: »Nun ist's genug.«

Der Kleider Kürze reicht kaum bis zum Knie,
Frau Mode befiehlt's, da gehorchen sie.
. . .
»Vor allem fort mit dem Schamgefühl;
Es hindert bei Tanz, bei Sport und Spiel!«

. . .
Und was dem Laster noch widerstand,
Ganz willig folgt es dem Wink deiner Hand.
Vorwärts! Ich habe wenig Zeit!
Bald lautet die Losung: »Hinweg mit dem Kleid!«

Du Frauenseele, ach, merkst du es nicht,
Was für ein Geist aus der Mode spricht?
Siehst du das Netz nicht, das dich umgarnt?
Höre die Stimme, die heute dich warnt!
Entsage der Schande, der Schmach, dem Schein!
Wage! Und sage entschlossen: Nein!
Was nicht geziemend in Schritt und Schnitt,
Das weise von dir, mache nicht mit!
Zerbrich die Ketten, sei frei und rein!
Und unverlierbare Schönheit ist dein!

Die heutige Entwicklung hat eine lange Vorgeschichte. Schon in einem vor mehr als einem halben Jahrhundert erschienenen Buch können wir lesen: »Ebensowenig ist die Frau unserer Zeit sich darüber im klaren, weshalb sie raucht, weshalb sie sich so kleidet, wie sie dies zu tun pflegt . . . Seltsam, wie sehr heute auf den verschiedenen Gebieten der weibliche Beitrag in einem übereinstimmt: in der Angleichung an den Mann . . . Die Frau ist darauf bedacht, in ihrer eigenen Gestalt die Linien des andern Geschlechts zu finden[1].«

Weshalb ist das so? Wir haben diese Frage schon beantwortet: Dahinter stehen Einflüsse, die das Ziel haben, die göttli-

1 Jose Ortega Gasset, »Der Aufstand der Massen«, Stuttgart.

che Schöpfungsordnung zu zerstören. Hält man in andern Kontinenten die Frau für minderwertig, so glaubt die Frau in unsern Breiten nur dann vollwertig zu sein, wenn sie es dem Mann möglichst gleichtut. Merkt man es nicht, daß sie dadurch ihr Eigentlichstes, die ihr schöpfungsmäßig mitgegebene Weiblichkeit verliert? Ein grelles Schlaglicht auf diesen Tatbestand wirft das Ergebnis einer Umfrage des Allensbacher Instituts für Demoskopie, nach der »ein Viertel aller befragten Frauen lieber ein Mann sein möchte (bei den 16- bis 29jährigen sogar jede dritte)[1].«

Wir sollten ganz bewußt den uns schöpfungsmäßig zugedachten Platz einnehmen. Welch eine Verschandelung des Menschen[2], den Gott nach seinem Bild geschaffen hat, wenn die Mode Frauen zu »Dirnen, Vogelscheuchen, Vampiren, anämischen Flittchen, imitierten Zigeunerinnen, Hippieziegen, Figuren aus dem Tollhaus« macht!

Daß dahinter dunkle Mächte stehen, läßt sich manchmal geradezu mit Händen greifen. So meint der Verhaltensforscher Professor Konrad Lorenz: »Die jungen Leute ziehen sich gar nicht so an, wie es ihnen gefällt, sondern nur so, daß es die Älteren ärgert[3].« Das lange Haar der Männer war bei seinem Aufkommen ein bewußtes äußeres Zeichen ihrer Opposition gegen das Bestehende.

Ein amerikanischer Modeschöpfer, für den Mode Weltanschauung ist, löste einen Schock mit der Vorstellung der Unisexmode aus: Mann und Frau gleich gekleidet und beide kahl geschoren! Die Zeit war damals für diese Version noch nicht reif. Eine inzwischen in den USA erfolgte Meinungsumfrage ergab, daß 43 % aller befragten Frauen der Ansicht waren, daß sich bis zum Jahre 2000 eine Einheitskleidung für Mann und Frau durchsetzen werde[4].

1 »Apotheken-Umschau«, 6/1973, Baierbrunn.
2 So kommentiert das erwähnte »Große Bilderlexikon der Mode« das Haarabschneiden: ». . . die wichtigste natürliche Zierde des Frauenkopfes fiel damit der Schere zum Opfer.«
3 »Der Gärtner«, 41/1973, Witten (Ruhr).
4 Diese *Einheitsmode* ist letztlich nichts anderes als ein perfekter Ausdruck des vom Feminismus ins Auge gefaßten *Einheitsmenschen.* Für diesen Zukunftsmodeschöpfer sind Haare keineswegs etwas Neutrales, sondern ein typischer Beweis für die jeweils verschiedenen Rollen von Mann und Frau.

Man darf also nicht davon ausgehen, daß eine »verrückte« Mode auch später einmal nie Resonanz finden könnte! Es sei nur an eine Karikatur aus dem Jahre 1787 über die große Ähnlichkeit von Herren- und Damenkleidung erinnert[1], für die allerdings damals die Zeit noch nicht reif war.

Wir schließen diesen Abschnitt mit einem Aufruf an alle, ob Männer oder Frauen, den Zeitgeist in der Mode in der Kraft des Heiligen Geistes zu überwinden!

10. Zunehmende Dämonisierung

Der Zeitgeist, der ja auf Satan zurückgeht (Eph. 2, 2), bestimmt immer mehr die Menschheit. Es ist geradezu greifbar, wie die seit der Französischen Revolution 1789 immer stärker in Erscheinung tretenden modernen Strömungen, unter die auch die in diesem Heft behandelten fallen, etwas mit den von Paulus für die letzten Zeiten in 1. Timotheus 4, 1 vorhergesagten »Lehren der bösen Geister« zu tun haben.

Wie weit die Menschheit solchen Lehren verfallen ist, zeigt die Diskussion um den § 218: Ein Tatbestand, der klarer Mord ist, die Vernichtung keimenden Lebens, wird in immer mehr Staaten eine erlaubte Sache. Welche satanischen Abgründe sind gerade in der Bundesrepublik während der Diskussion um den § 218 offenbar geworden! Eine hohe Vertreterin des Bundestages hatte Ende Januar 1975 – kurz vor Verkündung des Urteils des Bundesverfassungsgerichts – geäußert, daß die Frauen einen Urteilsspruch, der den Abtreibungsparagraphen im Widerspruch zur Verfassung erklären würde, nicht akzeptieren und nicht respektieren würden. Kommentar überflüssig!

Deshalb reicht es nicht, wenn nur alle geschlechtsspezifischen Unterschiede bei der Kleidung verschwinden, es müssen auch die Haare ganz weg.
Da die Hürde zu einer solchen heute noch fast allgemein als scheußlich empfundenen Mode nicht mit einem Sprung genommen werden kann, bleibt nichts anderes übrig, als die Menschheit dieser Entartung mit vielen kleinen Schritten entgegenzuführen.

1 »Das große Bilderlexikon der Mode«.

Die Dämonisierung der Welt bis hin zu schlimmstem Okkultismus und Spiritismus in ihrer mannigfaltigsten Gestalt nimmt immer mehr zu. So wird die Menschheit reif für die letzte große Verführung. Bekannt sind ja die Rückversicherungen der Weltraumfahrt bei dunklen Mächten. Trotzdem wird aber der Name Gottes im Munde geführt.

Welche Spuren okkulter Betätigung seiner früheren Besitzer weist z. B. ein zur Besichtigung freigegebenes altes Schwarzwaldhaus auf! Fruchtbarkeitszeichen auf Truhen und Geräten sollten für irdischen Segen und ein Hufeisen für Glück sorgen. Von einem am Palmsonntag geweihten Strauß Entnommenes sollte verbrannt durch aufsteigenden Rauch vor Blitzschlag schützen. Böse Geister meinte man, durch einen beim Richtfest am Dach angebrachten Rindsschädel abzuhalten. Am Dachgebälk befand sich eine ganze Reihe von Zeichen gegen die verschiedenen Krankheiten. Das Haus selbst wies eine fromme Ecke mit Bibel und Gesangbuch und eine böse mit okkulten Schriften auf.

Wie viele Gläubige sind hier belastet, ohne es überhaupt zu ahnen, weil Satan die okkulten Fähigkeiten und Kräfte, wie z. B. außergewöhnliche Heilkräfte, Pendeln, Hellseherei, geschickt als »natürlich«, »naturgemäß« und »wissenschaftlich« zu tarnen weiß.

Eine ganz neue Möglichkeit, mit okkulten Kräften in Kontakt zu kommen, hat unsere Endzeit gebracht: Spätestens seit einigen Uri-Geller-Sendungen wissen wir, daß es hierzu nicht des Aufsuchens spiritistischer Sitzungen bedarf. Das ist heute schon über den Rundfunk und das Fernsehen möglich. Wie mancher hat allen Grund, sich von einer auf diesem Wege zustande gekommenen dämonischen Bindung lossprechen zu lassen!

Daß wir uns da selbst nicht ins Kleinste hineinziehen lassen, sondern »die listigen Anläufe des Teufels« durchschauen: »Denn wir haben nicht mit Fleisch und Blut zu kämpfen, sondern mit Mächtigen und Gewaltigen, nämlich mit den Herren der Welt, die in dieser Finsternis herrschen, mit den bösen Geistern unter dem Himmel. Um deswillen ergreifet die Waffenrüstung Gottes, auf daß ihr an dem bösen Tag Widerstand tun und alles wohl ausrichten und das Feld behalten möget« (Eph. 6, 12. 13)! Das sollte auch die Erfahrung von uns Gläubigen in der Endzeit sein: »Denn das ist die Liebe zu Gott, daß wir seine Gebote halten; und seine Gebote sind nicht schwer, denn alles, was von Gott geboren ist, überwindet die Welt; und unser Glaube ist der Sieg, der die Welt überwunden hat« (1. Joh. 5, 3. 4).

III. Heute besonders aktuell gewordene Fragen

1. Ist das nicht gesetzlich[1]?

Sicherlich hat es viel unbiblisches Christentum gegeben, und es ist auch heute noch nicht ausgestorben. Nur wittert man heute nach dem Gesetz des Pendelschlags allzu schnell hinter allen Ermahnungen gleich »Gesetz«. Dann wäre aber Paulus der größte Gesetzesprediger überhaupt gewesen; denn wer hat in den Gemeinden mehr ermahnt, auf Fehler hingewiesen und Grenzen abgesteckt als er? Auf diesen Gedanken wird aber wohl niemand kommen; denn wie kein anderer hat gerade Paulus sich mit dem Gesetzlichen auseinandergesetzt, und er ist es ja, dem wir die lehrhaften Grundlagen auf diesen Gebieten verdanken. Um einen rechten Wandel besorgt und gesetzlich zu sein, muß also schon zweierlei sein. Mit gesetzlichem Wesen[2] haben wir es überall da zu tun, wo man in Fragen, in denen die Schrift selbst keine Maßstäbe setzt, von andern dieselbe Ansicht und dasselbe Verhalten verlangt; auch da, wo man das gleiche auch von Ungläubigen erwartet oder bei einem frisch Bekehrten nicht berücksichtigt, daß man es erst mit einem jungen Kindlein im Glauben zu tun hat. Wir brauchen ja nur an unsere eigene Entwicklung zu denken, auch bei uns ging es langsam von Wachstum zu Wachstum, und heute sind wir noch nicht fertig. Bodelschwingh berichtete einmal von einem ihm bekannten Pfarrer, der überhaupt kein Verständnis dafür hatte, daß sein noch ungläubiger Sohn nicht wie er selbst weltliche Darbietungen meiden wollte. In seiner Gesetzlichkeit verbot er ihm ihren Besuch. Die Entwicklung führte schließlich dahin, daß

1 Weiteres im Abschnitt »Evangelium und Gebot« von Heft 12 dieser Reihe »Die emanzipierte Frau als Frage an den Mann«.

2 Zu der Möglichkeit gesetzlicher Verirrungen im Blick auf die Heilsfrage: Nie kann der Mensch durch das, was er ist oder leistet, vor Gott bestehen, sondern nur ganz allein in der dem Glaubenden geschenkten Gerechtigkeit Gottes (siehe auch Seite 92!). Die Meinung dürfte doch wohl kaum vorkommen, durch Beachtung der hier behandelten biblischen Anweisungen den Himmel erlangen zu können.

der Sohn aus Haß gegen den Vater in die Fremdenlegion ging. Ja, das Gesetz richtet Zorn an[1]!

Gesetzlich ist es aber dagegen nicht, wenn ich mich nach einem Wort, in dem die Bibel zu einer konkreten Frage klare Ausführungen macht, richte, ja aus Dankbarkeit gegen Christus bis ins Kleinste gehorsam zu sein mich bemühe und das auch andern gegenüber für einen normalen Christenstand als verbindlich bezeuge.

Gesetz ist »Forderung, Moral, Schreckmittel«, Evangelium dagegen Gabe, eingeschlossen die, *das Gottwohlgefällige mit Freuden tun zu können,* auch wenn damit oft ein innerer Kampf verbunden ist; denn Nachfolge Jesu ist nun einmal mit Opfer und Sterbenswegen verbunden, die unserer Natur nicht immer gefallen. Hier besteht ein Unterschied zum natürlichen Menschen, der nichts davon weiß, das Fleisch mit seinen Lüsten und Begierden für gekreuzigt zu halten.

Das ist etwas grundsätzlich anderes, als sich selbst Lasten zur pharisäischen Selbstbespiegelung aufzubürden. Was *aus Liebe* zu Jesus getan wird, um dem Herrn zu gefallen, und mag es sich um die Darbringung des größten Opfers handeln, darf nie mit dem Pharisäismus, der ja eine Religion *ohne Liebe* ist, auf die gleiche Stufe gestellt werden.

Paulus ging es sehr darum, die Gläubigen zu einem Wandel gemäß ihrer Berufung anzuhalten (1. Thess. 2, 12). Er schreibt seinem jungen Mitstreiter: ». . . daß du wissest, *wie du wandeln sollst in dem Hause Gottes,* welches ist die Gemeinde des lebendigen Gottes, ein Pfeiler und eine Grundfeste der Wahrheit« (1. Tim. 3, 15).

Es war uns eine Bestätigung dieser Gedanken, als wir bei de Boor in seiner Auslegung zu Römer 12, 1: »Ich ermahne nun euch, liebe Brüder« lasen:

»Es ist dies ›Zusprechen, Ermahnen‹ aber etwas ganz anderes als ›Moral‹ und gesetzliche Forderung. Es geschieht

1 Hier gilt es dir richtige Mitte zu finden, weil Erziehung ohne ein gewisses Maß an Gesetz nicht möglich ist.

ausdrücklich ›durch die Erbarmungen Gottes‹. Es ist also der ganze erste Teil des Briefes unentbehrliche Voraussetzung für das, was Paulus nun zu sagen hat. Erst da, wo das rettende Erbarmen Gottes erfaßt worden ist und sein Werk getan hat, kann recht ›ermahnt‹ werden. Das unterscheidet das christliche Leben grundlegend vom Leben unter dem Gesetz. Aber das Leben unter der Gnade vollzieht sich nicht einfach ›von selbst‹; wir bedürfen des Zuspruchs und bestimmter Weisungen, weil wir lebendige Menschen mit eigenem Willen bleiben[1].« Und genau unter diesem Gesichtspunkt sind auch die Ermahnungen dieses Heftes gemeint.

Viel größer als die Gefahr der Gesetzlichkeit ist nun heute die einer zügellosen unbiblischen Freiheit, die wir schon bereits erwähnt haben. So groß in unsern Tagen auch die Gefahr der modernen Theologie für die Kirche sein mag, *für die kleine Herde ist die falsche Offenheit zur Welt neben den Verführern aus den eigenen Reihen sehr viel gefährlicher!* Welch eine Tragik, daß Männer, die mit bewundernswertem Einsatz für die Wahrheit der Bibel und gegen die moderne Theologie kämpfen, ein Opfer des Weltgeistes werden, weil sie diese zweite Front des Feindes gar nicht recht erkannt haben und er deshalb hier ein leichtes Spiel hat.

Statt weiterer Ausführungen abschließend einige Gedanken zu diesem Thema aus der Feder Gerhard Tersteegens (1697 bis 1769):

»Was ist dann nun Gesetz und gesetzlich? Das ist nicht gesetzlich, sich selbst und die Welt verleugnen, sein Fleisch samt dessen Begierlichkeit kreuzigen und die Notwendigkeit dessen und einer gründlichen Heiligung nachdrücklich vorstellen; sonst würden auch die Apostel in allen ihren Briefen das Gesetz gepredigt haben. Das ist nicht gesetzlich, darauf bestehen, daß der Glaube müsse wirksam sein durch die Liebe, daß er ohne die Werke tot sei, daß man müsse kämpfen in und ob diesem den Heiligen überlieferten Glauben ...

1 Werner de Boor, »Der Brief des Paulus an die Römer«, Wuppertal.

Das ist nicht gesetzlich, die Gläubigen erinnern, daß sie genau wandeln müssen, daß sie heilig wandeln müssen, auch mit Furcht, ja mit Furcht und Zittern, und daß die Christen als bisweilen betrübt werden müssen durch mancherlei Versuchungen – denn auch dieses wird gesagt zu gläubigen Christen. Auch ist das nicht gesetzlich, sich dieser oder jener äußeren Dinge enthalten und sogar leibliche, auch wohl strenge Übungen ... vornehmen, sonst hätte Paulus nicht evangelisch gehandelt, wenn er sich im christlichen Kampf alles Dinges enthielt, seinen Leib mit der Strenge betäubte (das griechische Wort deutet eine ziemliche Strenge an) und zur Knechtschaft brachte und wenn er andere lehrte, ihre Glieder töten, die auf Erden sind, und ebensowenig als Petrus zulassen wollte, daß die Christen sich sollten aufschmücken mit Haarflechten oder Gold oder Perlen oder köstlicher Kleidung.

Aber das ist gesetzlich, diese und andere Sachen tun mit einem unveränderten Herzen, um Gott und sein Gewissen mit einigem bloß getanen Werk zu befriedigen und darauf zu vertrauen, diese Dinge reden oder verrichten ohne Erkenntnis seines verdammlichen Zustandes und verderbten Herzens, ohne Erkenntnis der Erlösung, die allein in Christus ist und der Notwendigkeit der inwendig wirkenden Gnade zu allem, was wahrhaftig, gut und heilig soll genannt werden. Das ist gesetzlich, Gott das Äußere geben wollen und das Herz für sich selbst und für die Welt behalten, Gott suchen im Tempel und im Buchstaben, ohne ihn zu suchen im Herzen, ihm dienen im Schein und Zeremonien, ohne ihm zu dienen im Geist und in der Wahrheit.

Und was ist dann Evangelium? Das ist nicht Evangelium, die evangelischen Wahrheiten von Christus und von dem Werke der Erlösung mit seiner Zustimmung ergreifen ohne wahre Buße und Erneuerung des Herzens – nur so obenhin glauben, Christus hat für mich genug getan und sodann mit diesem Schild eines menschlichen Glaubens alle die teuren Züchtigungen und Unterweisungen der heiligmachenden

Gnade abparieren, unter dem scheinbaren Vorwand, weil man nicht mehr unter dem Gesetz, sondern unter der Gnade stehe. Das ist nicht Evangelium, einige vorübergehende süße Rührungen ... oder Empfindungen haben und sich dabei zur Ruhe begeben, als wenn nun weiter nichts zu tun wäre, als von seinem versicherten Heil zu singen und zu sagen ... Auch ist das nicht Evangelium, wenn einer, der die Versicherung der Vergebung seiner Sünden hat oder zu haben meint, hinfort nur lustig fröhlich in den Tag hineinleben, sich für die Natur und Sinnlichkeit hundert Freiheiten nehmen und keine Bestrafung, Kummer oder Beschwerden an das Herz kommen lassen will – unter dem Vorwand, damit man nicht gesetzlich wandele. Indessen, was sagt wohl das Herz sowohl bei diesem als bei jenem? Wird man nicht daselbst öfters (auch wider Willen und Dank) die beunruhigende, ängstigende Kraft des Gesetzes gewahr? – Wenn man nur dabei ein wenig möchte stehenbleiben! Bei guten Tagen und leichten Temperaturen mag man sich als etwas drüberhinschwingen, vornehmlich wenn man durch den Umgang mit andern (Tröstern sagt Luther) Friedenskameraden beständig aufgerichtet wird; aber darum ist die Sache nicht besser. O lasset uns tief graben, damit unser Haus recht auf den Felsen gegründet werde[1].«

2. Nach welchen Gesichtspunkten geschieht die gebotene Prüfung der Geister?

Grundsätzlich dürfen wir nicht davon ausgehen, daß geistliche Aufbrüche immer gleich klare biblische Erweckungen sind. Auch noch so frommes Verhalten eines Menschen ist noch lange kein Beweis, daß es sich um einen aufrichtigen Zeugen handelt. Gottes Wort gibt uns die klare Anweisung: »Ihr Lieben, glaubet nicht einem jeglichen Geist, sondern

1 Zitiert nach Walter Nigg, »Gerhard Tersteegen«, Wuppertal.

prüfet die Geister, ob sie von Gott sind; denn es sind viel falsche Propheten in die Welt ausgegangen« (1. Joh. 4, 1).

Johannes Seitz (1839–1922), einer der Väter der deutschen Gemeinschaftsbewegung, hat aufgrund vieler Erfahrungen, Beobachtungen und manches in seiner Generation gezahlten Lehrgeldes darauf hingewiesen, daß alles, was nicht haarscharf mit dem Worte Gottes übereinstimmt, abgelehnt werden müsse: »Wer da nicht prüft alles und gründlich prüft an dem untrüglichen Prüfstein des Wortes Gottes, kann, ohne daß er es ahnt, ein Betrogener Satans werden, der bald auch ein Betrüger an andern wird. Die Zerrbilder des Feindes haben darum so große Verführungsmacht, weil sie das Göttliche, nach dem man sich sehnt, das man erwartet, scheinbar bieten; aber es ist immer eine Mischung von Göttlichem, Menschlichem, Dämonischem und Fragwürdigem beisammen. Aber das Dämonische, Schriftwidrige, Ungöttliche ist meistens so versteckt, daß es nur der sieht, der jedes Wort so hoch schätzt und ehrt, wie es geschätzt und geehrt sein will, und der nie etwas annimmt, das nicht ganz und gar schriftgemäß ist.«

Wie trifft das gerade für unsere Gegenwart zu: man sehnt sich nach Belebung, und sobald etwas aufbricht, begeistert man sich, ohne daß die Echtheit als das Ergebnis einer gründlichen Prüfung erwiesen ist. Bei der Prüfung einer Bewegung und einer Person sind zuerst *die* drei Fragen zu stellen:

1. Bilden Gott und dessen Ehre den Mittelpunkt?
2. Stimmt alles mit dem Worte Gottes überein?
3. Ist Demut als Kennzeichen einer bußfertigen Haltung erkennbar?

Deshalb dürfen wir uns hier auch nicht durch Zeugnisse über erlebte Befreiungen den Blick trüben lassen, wenn die eben aufgeführten Hauptpunkte nur eine untergeordnete Rolle spielen. Was nützt alles Freiwerden von einzelnen

Gebundenheiten, wenn man weiter ein Sklave des eigenen Ichs bleibt und das Eigenleben in frommem Gewand weiterwuchert? Es ist eine allgemein gültige Wahrheit, was de Boor über die Bekehrung der Thessalonicher schreibt: »Nicht darum ging es, daß hier Menschen sexuell sauberer und in Gelddingen redlicher geworden wären. Moralische Besserung kann man auch auf andere Weise erzielen . . . Nein, die wirkliche totale Wendung im Leben der Thessalonicher geschah viel tiefer, im letzten Grunde ihrer Existenz: in ihrem Verhältnis zu Gott[1].«

An anderer Stelle weist der gleiche Verfasser auf die große Gefahr hin, Zweck und Ziel des Evangeliums zu verkennen: »Es geht im Evangelium auch nicht etwa um unser ›Glück‹. Es mögen Menschen durchaus auch ohne Jesus in ihrer Weise glücklich sein, und es wäre ein müßiges Ding, mit ihnen darüber streiten zu wollen, ob sie bei Jesus nicht noch ›glücklicher‹ werden könnten. Es geht auch nicht um die Antwort auf mancherlei Lebensprobleme und um das Fertigwerden mit bestimmten Lebensnöten. Wenn wir mit dieser Zielrichtung evangelisieren – wie es heute vielfach geschieht –, geraten wir in eine peinliche Konkurrenz mit philosophischen und religiösen Anschauungen und Bestrebungen, die ebenfalls und durchaus nicht ohne Erfolg Menschen helfen, mit sich selbst und dem Leben zurechtkommen. Mit all solchen Ansätzen fehlt unserer Evangelisation der letzte stählerne Ernst absoluter Notwendigkeit. Ihn aber zeigt Paulus mit dem einen Wort ›*Rettung*‹. Wo es ernsthaft um Rettung geht, da ist tödliche Gefahr. Wenn wir im vierten Stock eines brennenden Hauses vom Feuer eingeschlossen sind, dann fragen wir nicht mehr nach unserem ›Glück‹, und unsere vielen Lebensprobleme sind ganz unwichtig geworden. Wir haben den Schrei einer einzigen Frage, die unseren Sinn erfüllt: Rettet uns noch einer aus den entsetzlichen Flammen: So müssen wir unsere und aller Menschen Lage

1 Werner de Boor, »Die Briefe an die Thessalonicher«, Wuppertal.

ansehen, wenn wir verstehen wollen, was das Evangelium zu sagen hat[1].«

Vor allem müssen wir uns sehr hüten, über gewisse unklare Punkte, die das Grundsätzliche betreffen, hinwegzusehen, wenn »nur Christus gepredigt wird«. Wir dürfen uns dann keineswegs auf Philipper 1, 18 berufen; denn die Widersacher des Apostels brachten das klare Evangelium. Sonst hätte Paulus niemals so geschrieben. Ein Beispiel, wie er im andern Fall reagiert hätte, bietet Galater 1, 8: »Aber wenn auch wir oder ein Engel vom Himmel euch würde Evangelium anders predigen, als wir es gepredigt haben, der sei verflucht!«

Das Verwerfliche dieser Leute bestand darin, daß sie die Gefangenschaft des Apostels dazu benutzten, um dessen Ansehen in den Gemeinden zu schmälern und selbst mehr in das Rampenlicht zu kommen. Sie verkündigten das – wohlgemerkt reine – Evangelium aus Neid und Hader, also aus unlauteren Motiven. Aus dieser Bibelstelle ergibt sich, daß auch eine sonst ganz biblische Verkündigung sowohl aus geistlichen als auch aus egoistischen Beweggründen geschehen kann.

Zuviel Unberufene tummeln sich in den Kreisen der Gläubigen und schaden oft mehr als sie nützen. Wir sollten deshalb christliche Arbeiten auch nicht nur aufgrund von Berichten und Werbung gutgläubig unterstützen, sondern nur solche, die wir aufgrund eigener sorgfältiger Prüfung gut kennen und die sich als mit der Bibel übereinstimmend herausgestellt haben. *Das ist unsere Pflicht und gehört zu einer guten Haushalterschaft*[2].

1 Werner de Boor, »Der Brief des Paulus an die Römer«, Wuppertal.

2 Wie diese Arbeit uns bei der Beurteilung eine Hilfe sein kann, soll an einem Beispiel einmal ganz konkret aufgezeigt werden. Selbst wenn wir im einzelnen anders denken sollten als der Verfasser, werden wir manche der hier erwähnten Gesichtspunkte bei der Beurteilung nachstehender Sätze in Erwägung ziehen müssen: »Heute stehen wir im Wettstreit mit Fernsehen, Film und Drogenszene. Wenn wir erwarten, daß die Verlorenen kommen, um uns zu hören, müssen wir ihnen auch das geben, was sie erwarten. Die Athleten oder die großen Stars ziehen die jungen Leute nicht an. Das macht die Musik. Selbst der berühmteste Schauspieler würde keine jungen Leute anziehen, wenn er sich auf einem Lastwagen an die Küste stellte und etwas über Jesus erzählte. Unterhaltungsprogramme gehören einfach dazu« (»jesus-people-Report«, Wuppertal/Wetzhausen). Hierbei handelt es sich um eine für unsere Zeit symptomatische Ansicht. Könnten wir es uns vorstellen, daß Paulus – lebte er heute – so denken würde?

Seien wir wach; denn zunehmend werden wir mit Entartungen auch im evangelikalen Raum konfrontiert, sei es, daß bekannte Evangelisten Jesus-Festivals mit bekannten Stars ankündigen, sei es, daß bei Großevangelisationen Katholiken offiziell mitmachen; ganz abgesehen davon, daß die ganze heutige Atmosphäre, der es an Geisteszucht fehlt, unlautere und ungeistliche Charaktere geradezu herausfordert.

»Welch ein erschütternder Mangel ... an der Gabe, die Geister zu unterscheiden! Welch ein schuldhaftes ›Verführen‹ harmlos nachlaufender und von der vorgeführten Show faszinierter Menschen! Die Kanäle zur Infiltration teils auch pietistischer Kreise von diesen ... Endzeitgeistereien sind freilich schon längst vorgebaut worden durch die sorglose Duldung weltideologischer Symbole wie Beat-Musik, weibmännlicher und mann-weiblicher Kleidung und Haartracht, sowie durch die hurerische Sexkleidung. Die solcherweise sich vollziehende endzeitliche Unterwanderung christlicher Kreise hat mancherorts bereits verheerende Formen angenommen und ist zu einem Skandal geworden[1].«

Drei untrügliche Kennzeichen zur Entlarvung falschen Prophetentums hat einmal D. Williams Laible auf einer sächsischen Gemeinschaftskonferenz genannt: »Das erste: Die falschen Propheten bringen mehr als Gottes Wort. Sie tun etwas dazu, nämlich ihre Träume und Visionen. Die wahren Prophten bringen nur Gottes Wort. Das zweite ist: Die falschen Propheten lassen Christus in den Hintergrund treten, um sich groß zu machen. Der falsche Prophet schiebt sich vor. Menschenkultus wird getrieben statt Gottesverehrung. Man sagt zwar Gott und meint sich selber. Wie waren die Apostel entsetzt, wenn man statt Gott ihnen die Ehre geben wollte! Das dritte Kennzeichen des falschen Propheten ist, daß er das Wort Gottes verfälscht. Die falschen Propheten haben einen andern Maßstab in bezug auf die Sünde. Sie halten einen Sündenfall oder Rückfall für nicht so schlimm

1 Fritz Hubmer in »Gemeinschaftsgruß« Nr. 97.

und reden von Bekehrung, ohne daß tiefe Sündenerkenntnis und Buße vorangegangen ist[1].«

3. Und das oft angeführte Argument: »Gott segnet ja!«?

»Gott segnet ja!« – und damit ist für viele der Echtheitsbeweis bereits erbracht, und sie sind von vornherein davon überzeugt, daß auch die Methoden eines solchen Verkündigers oder einer Bewegung richtig sein müssen, selbst bei einem persönlich unguten Gefühl.

Zunächst muß volle Klarheit darüber bestehen, was denn eigentlich Segen in biblischem Sinne ist. Weithin spricht man schon von ihm bei allem Besonderen im christlichen Lager, geschweige denn, daß man zwischen bleibenden Anstößen und nur vorübergehenden Eindrücken zu unterscheiden vermag.

Menschlicher Erfolg und bleibende Frucht sind nun einmal zweierlei.

Wir haben in der Bibel ein eindrückliches Beispiel für ein im Namen Gottes geschehenes Wunder, bei dessen Vollzug sich die Wundertäter versündigten, weshalb sie einer schweren Strafe anheimfielen. Gott hatte Mose befohlen, zu dem Felsen *zu reden* (4. Mose 20, 8), Mose aber *schlug* an den Felsen (10) und ließ sich dabei – durch ständige Enttäuschung über das murrende Israel müde geworden – zu der zornigen, vom Zweifel beeinflußten Frage hinreißen: »Höret ihr Ungehorsamen, werden wir euch auch Wasser bringen aus diesem Felsen?« (10). Wir werden in unserer oberflächlichen Art sagen, das Anreden oder Schlagen des Felsens sei doch nur eine Äußerlichkeit, und ein unbedachtes Wort passiere nun jedem einmal, zumal hier wegen des murrenden Volkes mildernde Umstände berücksichtigt werden müßten. Diese »Kleinigkeit« sollte für Mose und den mitschuldig geworde-

1 Zitiert nach »Gemeinschaftsgruß« Nr. 97.

nen Aaron eine allerschwerste Folge haben: Beide blieben vom Gelobten Land ausgeschlossen, sie durften nicht den krönenden Abschluß des vierzigjährigen Wüstenzuges mit dem Einzug in das Land Kanaan erleben (12). *Stünde das nicht ausdrücklich in der Bibel, würde man es für ganz undiskutabel halten, daß der gnädige Gott es so genau nehmen könnte. Und wie viele urteilen heute im Geiste einer solchen erschreckenden Oberflächlichkeit und sprechen von »Kleinigkeiten« und »Äußerlichkeiten«, obwohl es um Dinge geht, die Gott tief betrüben*[1]*!*

Die dabeigewesenen Israeliten wären einem Trugschluß zum Opfer gefallen, wenn sie in diesem im Namen Gottes geschehenen Wunder ein göttliches Ja auch zu dem Vorgehen des Mose erblickt hätten. Das *früher einmal* von Gott gebotene Anschlagen, das *damals* Wasser hervorgebracht hatte, entsprach *dieses Mal* nicht Gottes Willen. Wir müssen uns hüten, in einer positiven, von Gott beglaubigten Erfahrung gleich die Berechtigung für eine allezeit anzuwendende Methode zu sehen. Rechte Zeugen des Herrn wissen, daß sie stets der Leitung des Geistes bedürfen, und werden sich vor Schablonen hüten. Wir dürfen nicht außer acht lassen, daß Gott keinen Menschen gebrauchen könnte, wenn Vollkommenheit des Werkzeugs unabdingbare Voraussetzung wäre. Nie dürfen wir aus der Tatsache, daß Gott sich zu einem Dienst bekannt hat, ohne weiteres den Schluß ziehen, daß alles vor dem Herrn recht sei. Ist nicht in der Regel gerade das Gegenteil der Fall, daß Gott *trotz* unserer Fehler und Sünden dennoch segnet? Das wird der Tag Christi einmal offenbar machen[2].

Die Bibel spricht sogar von der Möglichkeit, Ergebnisse im Werk des Herrn aufzuweisen und selbst doch verworfen zu werden. Die Bergpredigt schließt mit den erschütternden Worten: »Es werden nicht alle, die zu mir sagen: Herr, Herr!

1 Wenn wir daran denken, wie oft wir durch unsere Gedanken, Regungen, Stimmungen, Launen, durch unser Reden und Handeln den in heiliger, zarter Feinfühligkeit reagierenden Geist Gottes betrübt haben – muß uns das nicht in tiefe Buße treiben?
2 Näheres in Heft 1 dieser Reihe »Das Offenbarwerden der Gläubigen vor dem Richtstuhl Christi«.

in das Himmelreich kommen, sondern die den Willen tun meines Vaters im Himmel. Es werden viele zu mir sagen an jenem Tage: Herr, Herr, haben wir nicht in deinem Namen geweissagt? Haben wir nicht in deinem Namen böse Geister ausgetrieben? Haben wir nicht in deinem Namen viele Taten getan? Dann werde ich ihnen bekennen: *Ich habe euch nie gekannt:* weichet von mir, ihr Übeltäter[1]!« (Matth. 7, 21–23). Beachten wir, daß Jesus die in oder *mit seinem Namen* geschehenen Wunder nicht in Frage stellt. Aus seinem Wort ergibt sich ganz klar, daß es nicht nur um das Ergebnis der *Arbeit,* sondern auch um *den Arbeiter selbst* geht. Weil Paulus etwas darum wußte, war es ihm ein großes Anliegen, »nicht andern zu predigen und selbst verwerflich zu werden« (1. Kor. 9, 27). *Einem wahren Zeugen Jesu muß es um seine persönliche Heiligung ebenso ernst sein wie um seinen Dienst.*

Das läuft dann auf die schon herausgestellte Wahrheit hinaus, daß das nicht die entscheidende Frage ist, ob die Arbeit für den Herrn greifbare Ergebnisse oder gar Imponierendes aufweist, sondern vielmehr, daß in allem Gott selbst zu seinem Recht kommt. Wir sollten uns von dem Zwang, unbedingt Erfolge aufzuweisen, ganz frei machen lassen, stattdessen aber uns um eine stärkere Übereinstimmung mit den biblischen Linien bis ins letzte bemühen.

Einen Zeugen Jesu kann man nicht allein nach seinen Predigten, Evangelisationsansprachen und Zeugnissen beurteilen, es muß schon die Ganzheit der Person, also einschließlich Wandel und innerer Einstellung, zugrunde gelegt werden. Zwar dürfen wir keine perfektionistische Heilige erwarten, aber doch *eine klare biblische Grundausrichtung* des ganzen privaten und dienstlichen Lebens.

1 Für das von Luther mit »Übeltäter« übersetzte Wort steht, wenn es »Verbrecher« meint, im Neuen Testament ein anderes als hier, das genau bedeutet: »Gesetzlosigkeit wirken«. Ob diese Wiedergabe nicht haargenau den heutigen Tatbestand trifft, wenn Evangelisten Menschen zu Jesus führen, dann aber nicht weiter zu einer von den biblischen Ordnungen, sondern den Gepflogenheiten dieser Welt bestimmten Praxis des Lebens?

Schlußwort

Wir wollen uns die Bitten dieser Liedstrophen Michael Hahns zu eigen machen, die eigentlich heute noch aktueller sind als in den Tagen, da sie gedichtet wurden, daß man fast meinen könnte, der Heilige Geist habe sie gerade für uns dem Dichter eingegeben:

Lehr mich die Zeit auskaufen auf jene Ewigkeit,
Stets nach dem Kleinod laufen in Schranken, die nicht breit.
Nichts bring ich von der Erde am Ende mit davon,
Wenn ich nur selig werde durch dich, o Gottessohn!

Mich in die Zeit zu schicken, lehr mich, Herr Jesu Christ!
Der Feind sucht zu ersticken, was aus dir in mir ist.
Sehr bös sind jetzt die Zeiten, ein Christ hat viel Gefahr;
Herr, stehe mir zur Seiten, wo nicht, so fall ich gar.

Die Lehr des Antichristen schleicht sich mit Macht herein;
Er tut nach Anhang dürsten. Die Welt sagt: Das ist fein!
Man lobet seine Lehre; sie passet der Vernunft.
Ach, Herr, mich ganz bekehre auf deine Wiederkunft!

Verkürze doch die Tage, drin Antichrist rumort,
Nach klarer Voraussage in dem Verheißungswort.
Sonst werden auch die Deinen verwirret und verführt,
Weil stets durch gutes Scheinen der Satanas sich ziert.

Laß deine Auserwählten, die dir der Vater gab,
Die Herde der Gezählten als deine eigne Hab,
O Jesu, dir nicht rauben; erhalte sie mit Kraft!
Gib uns Geduld und Glauben, halt uns mit Gottes Macht!

Lehr mich die Zeit bedenken und ihre Kostbarkeit,
Die du mir noch willst schenken in dieser Welt und Zeit!

Laß jedes »Nu« mir teuer und unschätzbarlich sein;
Mach mich dir immer treuer, zu folgen dir allein!

Laß mich doch lieber sterben, als durch ein übel Ding
An dir, mein Haupt, verderben; mich zur Vollendung bring!
Deck dich mir, Licht des Lebens, recht auf im innern Grund;
So leb ich nicht vergebens in dieser letzten Stund.

* * * * *

Zitate zum Nachdenken:

»Die größte Bedrohung der christlichen Gemeinde ist die, daß sie die Befreiung vom Fluch des Gesetzes als Freigabe in Richtung Gesetzlosigkeit mißversteht« *(Julius Schniewind, 1893–1948).*

»Die Kirche geht nicht zugrunde an ihren Feinden, sondern an der glänzenden Fassade, an ihren Mitläufern und an ihren unberufenen Dienern« *(Hermann v. Bezzel, 1861–1917).*

»Wahrheit ohne Liebe übt Betrug« – »Liebe, die nicht wahr ist, reicht nicht tief genug« *(Verfasser unbekannt).*

»Die Gemeinschaften älteren Gepräges hatten . . . viel Gnade, daß sie . . . die Schriftauslegungen ihrer Väter lasen; denn sie waren Biblizisten. Die Gemeinschaften im Neupietismus haben diesen Weg verlassen und ihr Geschwätz* für besser gehalten als das edle schwere Gold der Alten. Ihr Versäumnis läßt sich vor dem Tag des Herrn kaum nachholen« *(Friedrich Mayer, 1881–1946).*

* *Allgemeinurteil, nicht im Blick auf den Einzelfall*

»In der Gnadenwahl allein ist der letzte Rest von Vernunft, Selbstgerechtigkeit, eigenem Wollen, Wirken, Laufen, Planen, die letzte Spur von Selbsterhöhung und Selbstgefallen getilgt und das ganze Werk der Bekehrung rein auf den Glauben und dieser auf die freie Gnade in dem Namen Jesu gegründet« *(Friedrich Mayer).*

»In Christus allein wirst du auf dem Weg getroster Verzweiflung an dir und deinen Werken den Frieden finden« *(Martin Luther, 1483–1546).*

»Ein von Gottes Wort geprägter Mensch mit geheiligtem Wesen ist auf kleinstem Raum mit geringsten Mitteln die wirksamste Evangelisationsmethode« *(Ernst Vatter).*

»Menschliche Dinge muß man erkennen, um sie lieben zu können, göttliche muß man lieben, um sie erkennen zu können« *(Blaise Pascal, 1623–62).*

»Prediger sind Experten geworden in der Anwendung vor Psychologie, um Leute zu manipulieren« *(Watchman Nee, 1903-72).*

»Schon dem Rechtschaffenen steht fest, auch für gute Zwecke nur zu werben mit guten Mitteln der Wahrheit und Redlichkeit (Röm. 3, 8). Dem Christen steht es fest, nur mit den Waffen des Evangeliums und nur in der keuschen Ordnung Gottes, die jede Vermischung mit weltlichen Kunst- und Gewaltmitteln ausschließt, die christlichen Ziele zu verfolgen. Diese Beschränkung und Enthaltung stützt sich gegen alle Einwendungen falscher Klugheit auf den einfachen Glauben, daß nur das, was Gott ausdrücklich will, auch seine Hilfe und seine Gesetze, nach denen er alles regiert und leitet, für sich hat und daß solches allem Widerstand zum Trotz wirklich durchdringt, alles andere aber mit allem Bemühen nur einen augenblicklichen Scheinerfolg hat und mit allem Erfolg das Gericht nicht bestehen kann« *(Johann Tobias Beck, 1804–78).*

»Ist das doch die gefährlichste Anfechtung, wenn keine Anfechtung da ist und alles wohlgeht und zugeht, daß der Mensch in derselben Gott nicht vergesse, zu frei werde und mißbrauche der glückseligen Zeit. Ja, hier bedarf es zehnmal mehr Gottes Namen anzurufen denn in der Widerwärtigkeit. Auch sehen wir das am hellen Tage in aller Menschen täglicher Erfahrung, daß grausame Sünden und Untugend mehr geschehen, wenn Friede ist, ... wohlfeile und gute Zeit ist, als wenn Krieg, Pestilenz, Krankheiten und allerlei Unglück uns beladen hat... Warum läßt Gott den Menschen so anfechten zu Sünden? Antwort: Daß der Mensch sich und Gott erkennen lerne« *(Martin Luther).*

»Gott kommt – und was er verheißen hat zu bauen, das bricht er ab!

Gott zeigt einen Weg – und man sieht keinen Ausweg!

Will er dich sehend machen, so macht er dich blind!

Und will er dich ganz machen, so schlägt er dich in tausend Stücke!« *(Martin Luther.)*

»Bei allem wahren Opfer findet sich allezeit mehr Freude als Leid« *(Andrew Jukes).*

»Unser Isaak, nicht unser Überfluß muß auf den Altar« *(Hudson Taylor, 1832–1905).*

»Wir haben scharfe Denker, glänzende Redner, gute Prediger, gescheite Theologen und eifrige Reichgottesarbeiter. Aber wir haben Mangel an wahrhaftigen Betern. Wenn wir beten, arbeitet Gott« *(Johannes Anton Neidhardt).*

»Nicht durch die Not, sondern von Gott müssen wir unsere Gebetsgegenstände empfangen« *(Georg Steinberger, 1865–1904).*

»Wenn das Gute, das du tust oder beabsichtigst, verlästert wird, wenn ... man deinen Rat verschmäht, deine Absichten lächerlich macht, und du nimmst alles still und in Liebe und Geduld an – das ist Sieg« *(unbekannt).*

»Gott erzieht uns nicht zu Wunderkindern, sondern zu einem Nichts« *(Otto Stockmayer, 1838–1917).*

»Gott schafft alles aus nichts! Und alles, was Gott gebrauchen will, macht er zu nichts! Eine Beförderung des Gottesverhältnisses ist daran zu erkennen, daß man degradiert wird!« *(Sören Kierkegaard, 1813–55.)*

»Wenn du Gott liebst und wünschst, ihn durch ein nützliches Leben zu ehren, so halte die Versuchung fern, aus dem Becher menschlicher Ehre zu trinken« *(Charles Haddon Spurgeon, 1834–92).*

»Der gute Kampf des Glaubens ist nichts anderes als die wachsame Betätigung der unausgesetzten Ichverneinung und Jesusbejahung« *(Fritz Binde, 1867–1910).*

»Biblische Buße ist die durch den Geist und die Kraft des Wortes Gottes uns geschenkte Fähigkeit, uns zu sehen, wie wir sind. Biblische Buße ist weder eine reumütige Anwandlung noch ein bloßes Fassen guter Vorsätze oder Abbüßen von Strafen, nein, die biblische Buße ist etwas Grundstürzendes, sie ist ichstürzend« *(Fritz Binde).*

»Nichts hat die Einheit der wahren Gläubigen so stark gefördert wie der Bruch mit der falschen. Trennung von solchen, die fundamentale Irrtümer gewähren lassen oder ›das Brot des Lebens‹ den verderbenden Seelen vorenthalten, ist keine Spaltung, sondern nur das, was die Wahrheit, das Gewissen und Gott von allen erwarten, die treu erfunden werden wollen« *(Ch. H. Spurgeon).*

»Gott gebe mir Gelassenheit, Dinge hinzunehmen, die ich nicht ändern kann, den Mut, Dinge zu ändern, die ich ändern kann, und die Weisheit, das eine vom andern zu unterscheiden« *(Friedrich Christoph Oetinger, 1702–82).*

Zur Frucht des Geistes (Gal. 5, 22):

Freude ist jubilierende Liebe,
Friede ist ruhende Liebe,
Geduld ist tragende Liebe,
Freundlichkeit ist leuchtende Liebe,
Gütigkeit ist mitteilende Liebe,
Glaube/Treue ist vertrauende/ausharrende Liebe,
Sanftmut ist strahlende, wehrlose Liebe,
Keuschheit ist zurückhaltende Liebe *(nach Eva v. Tiele-Winckler, 1866–1930).*

Ohne Liebe ist alles nichts:

Pflicht ohne Liebe macht verdrießlich,
Gerechtigkeit ohne Liebe macht hart,
Wahrheit ohne Liebe macht kritisch,
Ordnung ohne Liebe macht kleinlich,
Ehre ohne Liebe macht hochmütig,
Klugheit ohne Liebe macht gerissen,
Macht ohne Liebe macht gewalttätig,
Höflichkeit ohne Liebe macht heuchlerisch,
Erziehung ohne Liebe macht widerspruchsvoll,
Sachkenntnis ohne Liebe macht rechthaberisch,
Besitz ohne Liebe macht geizig,
Verantwortung ohne Liebe macht rücksichtslos *(unbekannt).*

»Nun aber bleibt Glaube, Hoffnung, Liebe, diese drei; aber die Liebe ist die größte unter ihnen« (1. Kor. 13, 13).

Aus Besprechungen:

Zu Heft 7/8 dieser Reihe: »Wie weit sind wir in der Endzeit?«:
»Der Verfasser versucht im Licht des prophetischen Wortes eine Zeitanalyse zu geben und den Leser auf die Zeichen der Endzeit aufmerksam zu machen. Für diesen Dienst sei dem Verfasser herzlich gedankt. In zusammengedrängter Kürze werden Aussagen gemacht, die uns erkennen lassen, daß es mit Riesenschritten dem Ende dieses Zeitalters entgegengeht. Wir empfehlen dieses Buch gern. Es sollte in unseren Kreisen eine weite Verbreitung finden, gelesen und besprochen werden.«

Heinrich Uloth in »Gnadauer Gemeinschaftsblatt«

Zu dem Buch »Was bald geschehen wird« (272 Seiten, kart.), das eine grundsätzliche Einführung in das biblische Zeugnis des prophetischen Wortes gibt:
»Der Verfasser setzt sich nüchtern, biblisch-klar mit den zunehmend endgeschichtlichen Ereignissen auseinander und weckt das Verständnis zum göttlichen Vollendungsgeschehen. Übersichtlich gegliedert, ohne Spekulationen, werden nüchtern und allgemeinverständlich Antworten auf brennende Fragen des Zeitgeschehens gegeben. Dem Leser wird der Blick für die heilsgeschichtliche Prophetie geschärft, und er wird zur freudigen Hoffnung der Erwartung des wiederkommenden Herrn aufgerufen. Ein Buch, auf das man immer wieder gern zurückgreift als Hilfe in den Auseinandersetzungen mit den Endzeitfragen.«

»Glaubensbote« der Pilgermission St. Chrischona

Hinweis

»Wozu das Leid im Leben?« (48 Seiten):
Aus dem Inhalt: Das Haltesignal Gottes – Strafleiden – Zubereitungsleiden – Bewahrungsleiden – Verherrlichungsleiden – Leiden zum Beweis der Echtheit des Glaubens – Freude im Leid.